100살이다
왜!

100세 현역 회사원이 알려주는 인생에서 은퇴하지 않는 법

100살이다 왜!

후쿠이 후쿠타로 · 히로노 아야코 지음 | 이정환 옮김

차례

시작하는 말 　100세 샐러리맨을 지탱해준 '이타심' · 12

Profile. 　나, 후쿠이 후쿠타로
매일 출근한다, 건강에 이상이 없는 한! · 21
쾌속라이너 요금은 내 돈으로 지불한다 · 23
나는 왜 아직까지 일하는가 · 26

Story One. 　지금도 계속 일을 할 수 있는 이유
살아가기 위해 일하는 존재 · 30
더 이상 일을 하고 싶지 않다는 젊은이들에게 · 32
낙천적이고 느긋한 마음 · 35
은퇴 후 자급자족할 정도는 되어야 · 38
30년 후엔 나처럼 일하는 100세가 많을 것 · 40
해설 겸손하고 유쾌한 사람 후쿠이 후쿠타로 씨 · 44

Story Two. 　인간은 인간을 위해 살아야 한다
한 알의 밀알이 죽지 않는다면 · 48
오직 내 친구 모치즈키를 위해 · 52

당신 같은 사람이 곁에 있다니! · 54

전쟁은 되풀이되어선 안 된다 · 58

말보다 행동을! · 62

해설 합리적 이타주의는 동물의 본능이다 · 66

Story Three. 우리는 우주의 일부로 돌아간다

생명은 누구의 것인가 · 73

'우주교'를 믿는다 · 77

인간은 너무 불손해졌다 · 81

해설 우주 규모로 사물을 생각한다 · 84

Story Four. 그러나, 불행하다고 생각해 본 적은 없다

우연한 만남, 뒤바뀐 운명 · 92

다시 세계대전이 발발한다면? · 97

고통과 힘겨움이 나를 지나갔지만 · 101

100년 중 가장 행복했던 10년 · 104

그럼에도 불구하고 행복한 인생 · 108

Story Five. 100세까지 현역이라니 얼마나 고마운 일인가

처음 샐러리맨이 된 나이, 49세 · 115

대학을 나왔지만 취업에 실패했다 · 117

아버지의 사업을 도왔던 시절 · 120

타고난 리더를 알아보는 안목 · 122

기억에 남는 추억 · 125

70세, 새로운 일자리를 찾아 · 129

Story Six. 과거의 경력은 중요하지 않다

직원 세 명의 작은 회사 · 134

30년간 세상은 요동쳤지만 나는 고요했다 · 137

과거에 어떤 인물이었다는 건 중요하지 않다 · 139

해설 후쿠타로 씨가 살아온 격동의 100년 · 142

Story Seven. 장수의 비결 따위는 없다

100세를 기대하지 않았지만 · 149

사전을 펴고 신문 읽기 · 151

민요 부르기와 즐겁게 먹기 · 154

매일 8,000걸음 · 156

마음의 여유와 배려심 · 158

지금도 좋아하는 하이디, 키다리 아저씨, 시스몽디 · 161

해설 매일 사전을 뒤지는 왕성한 지적 호기심 · 164

Story Eight. 자본주의는 영원히 지속되지 않는다

오래된 경제학에서 배운 것 · 169

무명의 경제학자, 시스몽디와의 만남 · 171

고용주와 노동자의 연대는 불가능한가 · 174

경제, 수학이 아닌 인문학 · 177

해설 후쿠이 후쿠타로식 '경제학'이란? · 180

Story Nine. 이제 죽음은 그다지 생각하지 않게 되었다

죽지 않는 것이 더 큰 공포가 아닐까 · 190

이상적인 죽음 · 194

여전히 보고 싶은 사람 '아내' · 197

가슴이 뛸 때까지 일한다 · 199

이야기를 마치며 절대 비관하지 말기 바란다 · 206

옮긴이의 말 100세 시대, 달릴 준비되었습니까? · 210

"벤처회사를 차려 거부가 되었다"와
같은 드라마틱한 성공담은 없다
"굳이 위대한 인물이 되지 않아도 된다"고 생각했기에
마음 편히 즐겁게 일할 수 있었다.

일은 살아 있는 사람의 의무이고 사명이다.
100세의 나이에도 일하는 것에 대해
의문을 가져 본 적이 없다.
이제부터 그 점에 대해 생각해 보려 한다.

100세의 샐러리맨을
지탱해 준 '이타심'

100세의 나이에도 매일 회사에 출퇴근하는 현역 샐러리맨이 있다.

동료 기자의 기사를 통해 후쿠이 후쿠타로 씨의 존재를 알게 되었을 때, 나는 눈을 의심하지 않을 수 없었다. 그는 100세라는 고령에도 매일 출퇴근하는 샐러리맨이라는 것이다. 100세를 넘긴 고령에도 일하는 사람들이 있기는 하다. 그러나 대개는 사회적으로 상당히 높은 지위에 있거나 사회적으로 존경받거나 혹은 대단한 재력가들이다. 가령 세이루카 국제병원의 히노하라 시게아키 씨는 100세를 넘긴 고령에도 병원의 이사장으로서 활약하고 있다. 노벨 경제학상을 받은 미국의 로널드 코스 교수 역시 현역으로 활동하고 있다.

그러나 100세를 넘긴 평범한 샐러리맨은 들어 본 적이 없다.

2012년 여름, 나는 후쿠타로 씨를 만났다. 그는 온화한 표정에 어쩐지 지적인 분위기가 감도는 멋진 할아버지였다. 후쿠타로 씨는 적당히 유머를 섞어 가며 자신의 체험담과 철학을 들려주었다. 무려 네 시간 동안 진행된 인터뷰에도 그는 전혀 지쳐 보이지 않았다. 웬만한 젊은이 못지않은 강인한 체력까지 겸비했다. 나는 그가 더 궁금해졌다.

그의 집은 쓰지도(辻堂)다. 쓰지도에서 직장이 있는 간다(神田) 까지는 전철로 1시간가량 걸린다. 왕복 2시간 거리를 그는 매일 오가는 것이다.

그는 왜 여태 현장을 떠나지 않는 것일까? 이렇게 먼 거리를 오가면서까지 일하는 이유가 뭘까? 지금까지 샐러리맨으로 살아왔다면 상당한 지위에 올랐을 텐데 이제 와서 지극히 평범한 샐러리맨 생활을 하는 이유는 무엇일까?

그가 100세가 되어서도 계속 일을 하는 이유 중 하나는 그가 회사나 동료들에게 '필요한 사람'이기 때문이다. 그가 96세에 근무지인 도쿄복권상회(東京宝商会)에 그만두겠다는 뜻을 비쳤을 때, 회사 사장은 계속 남아서 일해 달라고 부탁했다고 한다. 그는 회사를 운영하는 사장뿐 아니라 함께 일하는 동료들로부터 여전히 소중하고 필요한 사람으로 인정받고 있는 것이다.

그렇다면 후쿠타로 씨는 왜 지금까지 주변 사람들로부터 여전히 소중하고 필요한 사람으로 인정받는 것일까?

"나를 지탱해 준 것은 대학 시절 프랑스어로 읽은, 경제학 논문에 씌어 있던 이타주의 사고방식입니다."

긴 시간 후쿠타로 씨와 이야기를 나누면서 내가 가장 많이 들은 단어는 '이타주의'였다. 그는 이타주의를 어떤 의미에서 사용하고 있는 걸까? 그가 말한 '이타주의'는 사람들로부터 미움 받지 않고 따돌림 받지 않는 수준의 이타가 아니었다. 무언가를 하고자 할 때 '가장 먼저 상대방을 생각하고, 그 일을 통해 내가 상대방에게 무엇을 줄 수 있는지 생각하는 것'이 그가 생각하는 이타주의이고 그래야 '상대방과 자신이 모두 만족할 수 있다'는 것이 그의 지론이었다.

후쿠타로 씨는 이타주의 정신을 바탕으로 49세 이후 평범한 샐러리맨으로서 살아왔다. 70세 이후로는 자신의 자녀보다 더 나이가 어린 사원들과 함께 같은 일을 하면서 같은 봉급을 받고 있다. 100년이 넘는 그의 긴 인생에서 평범한 샐러리맨으로 살아온 시간이 무려 50년 이상이다. 가장 긴 시간을 샐러리맨으로 산 것이다.

이 책은 그런 까닭에 이른바 벤처회사를 차려서 거부가 되었다 같은 드라마틱한 '성공담'은 없다. 다만 후쿠타로 씨와 같은 평범한 인물의 인생에서 진정한 역사성을 발견할 수 있기를 바란다.

와카쿠와 미도리는 네 명의 지방 출신의 소년이 경험하는 격동의 인생을 그린 책《네 명의 소년, 덴쇼(天正) 사절단과 세계 제국》에서 다음과 같은 글을 남겼다.

"시대의 흐름을 움켜쥔 자만이 역사를 만드는 것이 아니다. 권력을 움켜쥔 자만이 위대한 것이 아니다. (중략) 만약 무명의 수많은 사람들이 모두 주인공이 아니었다면 역사를 되짚어 보는 일은 아무런 의미가 없다. 왜냐하면 우리들 대부분은 그 무명의 한 사람이기 때문이다."

후쿠타로 씨 역시 시대의 흐름을 움켜쥔 것도, 권력을 움켜쥔 것도 아니었다. 그는 역사를 움직이는 거대한 물결에 휩쓸리기도 하고 권력과 시대의 흐름을 움켜쥔 자들에게 농락당하기도 한 무명의 평범한 사람 중 한 사람일 뿐이다. 그러나 그는 무명이지만 100년이라는 자신의 역사를 착실하게 쌓아 온 주인공이며 그를 아는 사람들에겐 그 무엇과도 바꿀 수 없는 '주인공'이다.

후쿠타로 씨는 100세의 나이에도 주변 사람들로부터 여전히 소중하고 필요한 사람으로 남아 있다. 그는 어쩌면 운이나 인맥, 건강, 가족, 시대 환경 등에서 많은 혜택을 받은 보기 드문 사람인지도 모른다. 그러나 나는 그를 만난 뒤 한 가지 분명하게 말할 수 있는 것이 있다. 그에게는 특별한 무언가가 있다는 것이다.

이 책을 읽는 독자들이 후쿠타로 씨의 인생에서 특별한 무언가를 발견하고 특별한 선물을 받을 수 있기를 바란다.

그에게서 눈을 감는 그날 "행복한 인생이었어"라고 말할 수 있는 '선물'을 받기 바란다.

공저자 히로노 아야코(〈닛케이비즈니스〉 기자)

Profile

나, 후쿠이 후쿠타로

100살이다 왜!

매일 출근한다,
건강에 이상이 없는 한!

'도쿄복권상회(東京宝商会) 고문.'

이것이 100세의 나이에 샐러리맨으로 근무하는 나 후쿠이 후쿠타로의 직함이다. 고문이라고 하니 꽤 그럴듯해 보이겠지만 사실은 복권을 분류하고 번호를 조합하거나, 복권 매수를 세고 매상을 확인하는 아주 단순한 작업의 일이다. 이 일은 내가 70세가 되던 해부터 하기 시작했으니 벌써 30년을 매일 출근해서 퇴근할 때까지 반복하고 있다.

나는 지금의 회사에 입사하기 전에 게이오 기주쿠 대학의 조교, 군인, 모피사업자, 모치즈키 증권(현재는 미즈호 증권에 흡수 합병됨)의 이사, 그 자회사인 법인금융회사의 간부로 일했다.

지금 하고 있는 일은 내 인생에서 여섯 번째 직업에 해당한다.

지금의 회사는 이미 세상을 저버린 내 친구의 가족이 경영하는 복권판매위탁회사로 70이 되던 해에 일반 사원으로 입사했다. 돌이켜 보면, 현재의 복권 관련 일이 인생에서 가장 오랜 시간 동안 지속한 일이다. 최근에는 주로 보조 역할을 해서 이전처럼 실무에 깊이 관여하지는 않는다. 그러나 나는 아침 9시부터 오후 2시까지 매일 출퇴근을 하고 있다.

건강에 특별한 이상이 없는 한!

쾌속라이너 요금은
내 돈으로 지불한다

평일에 나는 아침 일찍 일어난다. 보통 새벽 4시 30분이면 일어나서 5시에 아침을 먹는다. 잠에서 깨어 가장 먼저 하는 일은 아침 신문을 보는 일이다. 신문은 종합 일간지뿐 아니라 프로야구나 프로축구 소식이 실리는 스포츠신문도 읽고, 최근의 경제 동향을 파악할 수 있는 경제지도 읽는다. 그렇게 신문을 읽으며 소일하다가 아침 8시면 출근을 위해 집을 나선다.

직장은 도쿄 간다에 있다. 쓰지도의 나의 집에서 JR도카이도선을 타고 가다가 도쿄역에서 야마테선으로 갈아타 간다에 도착하기까지 1시간가량이 걸린다. 아침 출근 시간의 야마테선은 늘 혼잡해서 편히 앉아서 가는 일이 없다. 또 나는 앉아 있으면 쉽게 치지기 때문에 차라리 서서 가는 편이 더 좋다. 물론 아침 시간에는 자리를 양보하는 사람도 거의 없다.

퇴근길 역시 전철은 만원이다. 그래도 내 나이 76세 때 JR도카이 도선에 '쾌속라이너'가 배차된 이후론 전날 미리 지정석을 사서 쾌속라이너를 이용하고 있다. 아무래도 퇴근길의 만원 전철은 육체

출근 중인 후쿠타로 씨

적으로 고달프다. 물론 쾌속라이너의 요금은 내 돈으로 지불한다. 2013년부터는 비상근으로 근무하게 되어 회사에 매일 출근할 필요가 없는 대신 출퇴근 비용은 직접 지불해야 한다.

9시 30분. 회사에 도착하면 동료들과 반가운 인사를 나눈 뒤 함께 복권을 분류하는 일을 한다. 그리고 점심식사를 마친 뒤 다시 한 차례 일을 마치고 오후 1시 30분쯤 회사를 나온다. 내가 스스로 정한 퇴근 시각이다. 오후 3시에는 쓰지도의 집으로 돌아와 옷을 갈아입고 한숨 돌린 후 큰아들 부부와 함께 저녁식사를 한다.

아침에 일찍 일어나다 보니 저녁 9시에는 잠자리에 든다. 평일에는 대부분 이렇게 생활한다.

건강이 허락하는 한 가능하면 이런 일상을 계속 유지하고 싶다. 회사에 가서 일하고, 퇴근 후엔 집으로 돌아와 가족들과 시간을 보내고, 잠드는 나날들.

나는 왜 아직까지 일하는가

최근 들어 나도 나이를 먹었구나 하는 생각이 들 때가 있다.

70대에는 아직(!) 젊었기 때문에 젊은 사람들과 함께 몇 만 장이나 되는 복권을 한 번에 운반하기도 했다. 80세 즈음에는 주변의 남녀노소를 통틀어 내 걸음이 가장 빨랐다. 아마 고령경보대회에 출전했다면 금메달은 아니라도 최소한 동메달은 땄을 것이다. 그런데 95세 즈음부터는 나도 늙는지 무거운 짐을 가능하면 들지 않게 되었다.

그래서 그즈음 회사를 그만둘 생각을 했다. 여전히 도움이 되고 싶었지만 한편으론 너무 오랫동안 회사에 남아 있었다는 생각이 들어서였다. 더구나 내가 없어도 업무는 잘 돌아갔다. 내가 회사를 그만두겠다는 뜻을 전하자 사장이 간곡히 만류를 했다. 사장은 내 친구의 부인이기도 하다.

"후쿠타로 씨가 회사에 출근해 주시는 것만으로도 충분히 도움이 되고 있어요. 계속 출근해서 저를 도와주세요."

그 말에 힘을 얻어 나는 지금까지 일하고 있다.

일은 살아 있는 사람의 의무이고 사명이다. 이 나이에도 일할 곳이 있다는 것이 얼마나 고마운 일인가.

나는 지금까지 100세의 나이에도 일하는 것에 대해 의문을 가져 본 적이 없다. 그래서 이제부터 그 점에 대해 생각해 보려 한다.

지금도 계속
일을 할 수 있는 이유

살아가기 위해 일하는 존재

"100세의 연세에도 계속 일을 하시는 이유가 무엇입니까?"

사람들로부터 자주 듣는 질문이다. 베이비붐 세대이면서 이미 현역을 은퇴한 우리 아들조차 이해할 수 없다는 표정으로 감탄해 마지않으니 다른 사람들이야 당연한 반응이 아닌가 한다. 하지만 나로선 몸에 밴 일상을 계속하고 있을 뿐이다.

물론 일하고 싶어도 할 수 없는 사람이 많다는 걸 안다. 더구나 어느 회사든 정년 제도가 있으니 때가 되면 은퇴하는 것이 당연하고, 그렇다 보니 고령에 현장을 지키는 사람이 많지 않다. 오히려 나와 같은 경우가 매우 희귀한 일일 것이다. 하지만 나는 '건강에 이상이 없는 한 인간은 계속 일을 해야 한다'고 생각한다.

동물들이 목숨이 있는 한 자기 힘으로 먹을 것을 구하듯이 사람도 살아 있는 동안은 자기 힘으로 일해서 생활하는 것이 당연하다.

코끼리는 죽을 때가 가까웠음을 깨닫는 순간 무리를 떠난다. 고양이도 죽을 때가 되면 자취를 감춰 버린다. 물론 집고양이는 다르겠지만 야생 고양이는 죽을 때까지 먹을 것을 스스로 구하며 산다. 사람도 코끼리나 고양이처럼 죽을 때까지 일해야 한다. 나는 그것이 당연하다고 생각한다. 동물이 그러하듯 사람도 삶의 영위를 위해 평생 일해야 한다. 어차피 인간도 동물이지 않은가.

태곳적 원시인은 누구나 직접 일을 해서 살아가기 위한 음식물을 얻었다.

그것은 오늘날의 우리에게도 변함없는 본능이 아닐까 한다.

나는 삶에 대한 본능이 강하기 때문에 일을 하고 있는 것이다.

더 이상 일을
하고 싶지 않다는 젊은이들에게

"생활에 여유가 있다면 일은 하고 싶지 않다"고 말하는 사람이 있다.

아마 은퇴해서 유유자적한 생활을 하고 싶다는 의미일 것이다. 누구한테도 피해 주지 않고 편안한 생활을 할 수 있다면 그것도 나쁘지 않다. 그런데 일을 해서 월급을 받든 받지 않든 건강한 상태에서 아무것도 하지 않고 유유자적하는 생활이 과연 행복할까 하는 의문이 든다.

내 경우 일하지 않는 무료한 생활이 오히려 더 피곤하고 힘들 것 같다.

나는 지금까지 회사에 출퇴근하고 일하는 것이 피곤하거나 힘들다고 생각해 본 적이 없다. 같은 장소에서 같은 자세로 오랜 시간 보내는 것이 훨씬 더 피곤하고 지친다. 따라서 일을 하거나 걸음을 옮기는 일 따위를 고통이라고 생각해 본 적이 없다.

"더 이상 일을 하고 싶지 않다"고 말하는 젊은이들이 있다.

이런 말을 들으면 젊은이가 일하면서 얼마나 고통스런 경험을 했을까 싶어서 안쓰러운 생각이 든다. 그런데 조금만 기분 나빠도 회사를 그만두거나 입사한 지 얼마 안 돼 별것 아닌 일로 회사를 그만두는 젊은이가 적지 않다는 얘기를 주변에서 듣는다. 이것은 문제라고 생각한다. 기분 나쁘고 섭섭한 일이 있어도 참고 견디는 능력이 부족한 까닭이다.

운이 좋은 덕분인지 나는 지금까지 회사를 그만두고 싶

을 만큼 기분 나쁜 경험을 한 적이 없다. 또 대단한 인물이
되려는 꿈을 꾼 적도 없어서 쫓기는 기분으로 일하지 않았
다. 기업의 회장이 되고 한 나라의 수장이 되는 꿈 같은 것
말이다.

남들이 우러러보고 선망하는 사람이 되려면 인생이 고달플 수밖
에 없다. 실제로 주변 사람들 중에는 그런 욕망을 불태우다 고통스
럽게 스러지는 사람들이 많았다.

차라리 "굳이 위대한 인물이 되지 않아도 된다"고 생각
하는 것이 마음이 훨씬 편하고 일도 즐겁게 할 수 있다.

낙천적이고 느긋한 마음

물론 힘들고 고통스러웠던 적도 있다. 아무리 노력해도 뜻대로 일이 풀리지 않을 때도 있었다. 노력만으로는 극복하기 힘든 가정 환경이어서 괴로워한 적도 있다. 그러나 다행히 그런 때라도 남과 비교하며 초조해하거나 쫓기는 기분이었던 적은 없다.

처한 환경과 운명에서 최선을 다하는 것 외에 사람이 할 수 있는 일은 별로 없다. 그저 최대한 힘을 기울여 노력하는 수밖에 없다.

최선을 다했으나 뜻대로 안 되었다면 그것은 나의 권한

바깥의 일이다. 안 되는 일 때문에 애가 탈 필요가 없다. 노력하는 과정 자체를 즐기면 된다. 인생을 억지로 끌고 가려는 욕심이 즐길 수 있는 시간을 고통스럽게 만든다.

내가 이런 식으로 생각하게 된 것은 가정환경 때문인지도 모른다. 본처 자식이 아니라는 이유로 나는 어릴 때부터 참을 일이 많았다. 물론 아버지는 우리 형제나 어머니가 경제적으로 힘들지 않도록 최대한 도와주셨다. 그럼에도 평범한 가정은 아니었다. 어쩌면 평범한 가정이 아닌 것이 내 인생에 힘이 되었는지도 모른다.

그래서 인생은 순조롭기만 한 것보다 고난이 있는 편이 더 낫다고 생각한다. 어쩌면 이런 생각조차 나의 낙천적이고 느긋한 성격이 한몫했는지도 모른다.

게이오 기주쿠 대학의 입학시험을 치렀을 때도 그다지 걱정하지 않았다. 그렇다고 특별히 자신 있었던 것도 아니다. 아마 낙천적이고 느긋한 성격 덕분인 듯하다.

 100살이다 왜!

사람들은 묻는다. 장수의 비결이 무엇이냐고, 어떻게 그렇게 오래도록 일할 수 있느냐고. 나는 생각한다. 무슨 일이든 크게 걱정하지 않는 낙천적인 성격 때문에 장수하는 것 같다. 그렇기 때문에 아무리 오랜 기간 동안 일을 해도 스트레스를 거의 받지 않는 것이 아닐까 한다.

은퇴 후
자급자족할 정도는 되어야

나는 살아 있는 동안에는 일하는 것이 바람직하지만 반드시 급료를 받아야 한다고는 생각하지 않는다.

고령화 사회로 접어든 지금, 정년퇴직한 사람을 재고용하도록 의무화하거나 정년을 연장하는 문제가 화제가 되고 있다. 하지만 정년을 65세까지 연장함으로써 젊은이들의 일자리가 줄어든다면 그것은 더 큰 문제다.

은퇴한 사람이 앞으로 세상을 배워야 할 젊은이들의 일을 가로

채는 것은 자연스럽지 않은 모습이다. 100세의 나이에도 일하는 내가 할 소리는 아닐지 모르지만 사회 구조적으로 봤을 때 장수는 반드시 좋은 현상은 아닌 것 같다. 요즘처럼 고령화가 사회문제가 되는 상황에서는 더 그렇다.

노년이 되어 일하지 않는 것도 문제지만 그들이 모두 직장을 갖는 것도 사회문제가 된다. 나는 노년에도 회사에서 일하되 월급과 상관없이 일했으면 좋겠다. 돈을 얼마를 받든 스스로 밭을 개간하여 먹을 양식을 직접 마련한다는 데 더 큰 의미를 부여했으면 좋겠다.

자기가 먹을 양식을 스스로 마련할 수 있다면 그 자체로 멋진 '직업'이라고 생각한다. 모든 노년들이 그런 식으로 자급자족하는 세상이 되었으면 좋겠다.

노인은 어디서 언제까지 일할 것인가, 언제부터 국가의 신세를 질 것인가, 정말 풀기 어려운 문제다. 하지만 과거에 비하면 훨씬 환경이 좋아졌다. 과거에는 굶어 죽는 사람이 많았다. 그리고 그렇게 굶어 가는 사람을 국가가 보살펴 주지도 않았다. 그에 비하면 요즘 세상은 정말 행복해졌다.

30년 후엔 나처럼
일하는 100세가 많을 것

전 세계적으로 굶어 죽는 사람이 줄어들고 있다. 일본에서는 거의 찾아보기 힘들다. 한편 과학과 의학의 발달로 인류는 예상보다 훨씬 큰 폭으로 증가하고 있다. 여기에는 생명이 있는 짐승은 제외한 사람의 수만 해당한다. 무려 70억 명에 이른다.

지구상에 이렇게 엄청난 양으로 증가한 동물은 인간 외에는 없을 것이다. 인구가 증가한 만큼 인간은 인간의 편의만을 위해 자연을 마음대로 훼손하고 있다. 신중해질 필요가 있다.

인간이 이렇게까지 증가한 이유는 의학의 발달로 수명을 인위적으로 연장시킬 수 있었기 때문이다. 일본의 경우 2012년에 100세 이상의 인구가 5만 명을 돌파했다고 한다. 그러나 사실 자연 상태로 100세까지 건강하게 살기란 매우 어렵다.

2013년 현재 일본인 100세 이상 인구 5만 명 중 80퍼센트가 여자이며, 그들은 대부분 누워서 지내고 있다고 한다. 반면에 아프리카인의 수명은 40~50세다. 내가 어렸을 때는 50대에 죽는 일이 흔한 일이었다. 심지어 60세 무렵에 죽는 사람을 일찍 죽었다고 말하지 않았다.

일본의 경우 2040년 이후론 100세 이상의 인구가 70만 명에 이를 것이라고 한다. 내 아들도 그 무렵 100세가 될 것이다. 그들은 과연 무엇을 하면서 살아갈까?

지금은 내가 100세의 나이에 일한다고 진기하게 여기지만 30년 후에는 더 이상 진기한 일이 아닐 수 있다.

100세 인구 70만 명의 시대에는 100세에도 일할 수 있는 사람과 그렇지 못한 사람 간의 삶의 질에 엄청난 차이가 생길 것이다.

그들을 부양하는 젊은이들의 삶에도 그만큼의 격차가 생길 것이다. 어쩌면 굶어 죽는 사람이 많아질지도 모른다. 그때를 대비해 사회보장을 튼튼하게 하면 좋겠지만 사회보장이 지나치면 사회에 발전이 없으니 그것도 문제가 될 것이다.

인류는 근원적으로 개인의 능력 차이가 가장 큰 동물이다. 국가와 사회의 역할은 권력과 제도를 통해 그 차이를 가능하면 줄이려 노력하는 것이다. 이런 장치들이 바람직하다고 말하기는 어렵지만 최소한의 안전망은 될 수 있다. 생존 경쟁에서 패배하더라도 생명의 존엄함을 지킬 수 있다. 그러나 이를 적절하게 조절하기란 정말 어려운 일이다.

그건 그렇고 세상은 급속도로 변하고 있다. 어제 필요했던 일이 오늘은 전혀 쓸모없는 일이 되기도 한다. 변화에 민감하지 못하면 스마트폰은 물론 휴대폰조차 잘 사용하지 않는 나 같은 사람은 앞으로 살아가기 힘들지 모른다.

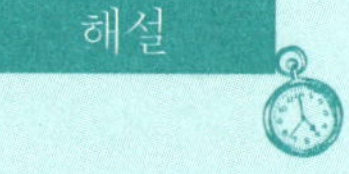

겸손하고 유쾌한 사람, 후쿠이 후쿠타로 씨

후쿠타로 씨가 살아온 100년은 일본 역사상 극적인 변화가 많던 시절이었다. 후쿠타로 씨가 28세가 되던 1940년에는 1,000명의 신생아 중 98명이 사망했다. 하지만 2010년에는 신생아의 사망자 수가 1,000명 중 2명으로 세계에서 가장 안전하게 아기가 태어나고 자라는 나라가 되었다. 또 후쿠타로 씨가 58세였던 1966년에는 일본의 인구가 1억 명을 돌파했다. 일본은 지금 전 세계에서 가장 장수하는 국가로 손꼽힌다.

그리고 그런 일본에서 태어난 후쿠타로 씨는 지금 100세의 나이에 샐러리맨으로 살아가고 있다. 과거에 성공을 거둔 경험도 있지만 "일을 하는 것은 본능이니까", "사람은 일할 수 있는 한 쉬지 않고 일해야 하니까"라는 신념으로 일하고 있고 국가에 세금도 내고 있다.

후쿠타로 씨는 잘나가던 젊은 시절을 자랑 삼아 늘어놓지 않는다. 결코 잘난 체하는 법이 없는 그는 젊은 시절의 에피소드를 이야기할 때도 익살스럽게 표현해서 주위를 즐겁게 만든다. 그의 인간관계는 그런 까닭에 부드럽게 유지된다.

후쿠타로 씨의 이야기를 듣고 있으면 나도 모르게 '어떻게 세상에 도움이 되는 인생을 살까' 하는 고민하는 나 자신을 발견하게 된다. "그렇게 단순한 작업은 하고 싶지 않다"는 식으로 말하는 것이 매우 부끄럽게 여겨진다. 그는 사회적 평가나 편견 따위에서 자유로운 사람이다.

대학 조교, 군인, 모피사업자, 증권회사 이사라는 다양한 직함을 가진 이력의 소유자이면서 그는 단지 "일하는 것은 본능"이기 때문에 일한다고 말한다. 그는 입버릇처럼 "사람은 일할 수 있는 한 쉬지 말고 일해야 한다"고 말한다.

후쿠타로 씨는 일할 수 있는 환경을 제공해 준 주변 사람이나 회사 동료, 가족의 지원에 깊이 감사하고 있다. 그는 그들의 이름을 일일이 기억하고 있다. 감사하는 마음으로 지인들의 이름을 기억하는 사람, 회사가 그런 그를 놓치고 싶지 않은 것은 당연해 보인다.

인간은
인간을 위해 살아야 한다

한 알의 밀알이
죽지 않는다면

사람은 독선적이어선 안 된다. 다른 사람을 위해 무엇을 할 것인지를 생각하면서 살아야 한다. 나는 이런 '이타심'을 내 인생의 주축으로 삼고 살아왔다. 누군가한테 특별히 배운 적은 없지만 어릴 때부터 늘 이웃과 서로 돕고 살았기 때문에 자연스럽게 이타심을 중심에 두게 되었다.

이 이타심을 가르친 가장 중요한 사람을 꼽으라면 나의 어머니일 것이다. 어머니는 언제나 다른 사람을 돌보는 데 관심이 많았다. 작은 것 하나라도 이웃과 나누려 하셨고 특히 가난하고 힘든 환경에 있는 사람들에게 마음을 쓰셨다.

한번은 우리 집 가까이에서 자전거 한 대를 두고 아이들끼리 시비가 붙었다. 어머니는 한참을 지켜보시다가 자전거가 없는 아이에게 자전거를 사 주시며 이렇게 말씀하셨다.

"싸우면 안 된다."

지금도 그렇지만 당시는 자전거 한 대 값이 결코 만만한 것이 아니었다. 더구나 어머니가 자전거를 사기 위해 건넨 돈은 아버지가 생활비로 주신 것이었다. 아버지는 따로 본가가 있었지만 매달 우리 가족이 생활하는 데 불편하지 않을 만큼 생활비를 주셨다. 부족하지 않다고는 하지만 아버지가 주신 돈은 생활비였을 뿐이다. 어머니도 넉넉한 형편은 아닌 것이다. 그런데도 어머니는 주변의 어려운 사람을 챙기는 데 망설임이 없었다. 아버지도 어머니가 그러는 걸 모르지 않았지만 모른 척하셨다.

어려서부터 베풀고 나누는 부모님을 보고 자란 덕분에 나는 나보다 주위 사람을 먼저 생각하고 배려하는 것이 몸에 배었다.

‘Si le grain ne meurt.’

이것은 대학 졸업 앨범 속 내 사진 아래에 씌어 있는 문장이다. 내가 직접 적어 넣은 것이다. ‘Si le grain ne meurt’란 ‘한 알의 밀알이 죽지 않는다면’이다. 나는 이 문장을 ‘인간은 다른 사람을 위해 살아야만 가치가 있다’는 의미로 받아들인다.

모피사업을 할 때도 나보다 거래하는 상대가 더 이익이 가야 한다고 생각했다. 장사꾼이 자기 배만 채우려 해선 안 된다고 생각했기 때문이다. 나는 고객을 상대하는 일을 잘 못했지만 나만 잘살면 된다는 생각으로 장사하지 않았기 때문에 나름대로 성공적인 사업을 운영할 수 있었다.

한 알의 밀알이 죽지 않는다면!

오직 내 친구
모치즈키를 위해

나의 이타주의는 모피사업을 접고 샐러리맨이 된 뒤에도 여전했다. 친구 모치즈키 다마조(望月玉三)의 권유로 모치즈키 증권에 입사했을 때 나는 최선을 다해 친구를 도와주기로 마음먹었다.

내 친구 모치즈키는 1936년 내가 대학 조교가 되면서 알게 되었다. 그 전에는 대학 동급생이기는 하지만 전공이 달랐기 때문에 서로 만날 일이 없었다. 그는 게이오 대학 부속 유치원 출신으로 대학까지 엘리트 코스를 밟은 경우이고, 나는 평범한 학생으로 대학 예과를 거쳐 게이오 대학에 진학한 경우였다. 대학 졸업 후 조교로

남은 것은 모치즈키와 나, 단 둘이었다. 그런 까닭에 우리 두 사람은 급속도로 가까워졌다.

세월이 흐른 어느 날 아버지를 도와 모피사업을 하는 나를 모치즈키가 그가 창업한 증권회사로 불렀다. 솔직히 말하면 당시 나는 주식에 그다지 흥미가 없었다. 더구나 그때까지 회사 생활을 해본 적도 없었다. 그런 나를 모치즈키가 "도와달라"며 부른 것이다.

모치즈키는 머리도 좋고 성실하게 노력하는 좋은 리더였다. 나는 그런 모치즈키를 진심으로 돕고 싶었다. 증권에 관심도 없고 모피 장사가 안 된 것도 아니지만 오로지 내 친구 모치즈키를 돕고 싶어서 하던 일을 모두 접었다. 그리고 정말 최선을 다해 그를 도왔다.

모치즈키는 나보다 한 살 어리지만 84세의 나이로 먼저 세상을 떠났다.

정말 오랜 시간 즐겁든 괴롭든 함께한 친구였다.
좋은 친구의 은혜를 입고 함께 일할 수 있어서 정말 행복했다.

당신 같은 사람이
곁에 있다니!

내가 모치즈키를 돕겠다고 결심한 한 가지 이유가 더 있다.

나는 남들이 알아주는 유명한 사람이 되고 싶지도 않았고 모두가 존경해 마지않는 위대한 인물이 되고 싶지도 않았다. 그런 까닭에 친구이지만 모치즈키를 나의 리더로서 인정하고 일할 수 있었다. 사실 어느 조직에서 직급이 높아지면 그만큼 고민이 깊어진다. 실적이 나쁜 부하 직원은 냉정하게 해고해야 한다. 설사 실적이 좋더라도 평판이 나빠서 신뢰를 잃은 사람이라면 그도 냉정하게 퇴출시켜야 한다. 매정해 보이지만 조직을 건강하게 관리하려면 어쩔 수 없는 일이다. 그런데 나는 마음이 약해서 그런 일을 잘 하지 못한다.

물론 다른 사람보다 높은 지위에 오르면 그만큼 기분은 좋을 수 있다.

대통령이나 국회의원이나 또는 대기업의 임원은 죽으면 신문 부고란에 이름이 실릴 만큼 성공한 사람으로 추앙된다. 국가로부터 훈장을 받기도 한다. 동창회에 나가서 거드름을 피울 만한 인물이 된다. 어릴 때 너나없이 지내던 친구라도 어떤 지위를 얻었느냐에 따라 대접이 달라지는 것도 사실이다. 또 친구 간에 격차가 너무 커지면 서로 통하지 않는 것도 사실이다. 어쩔 수 없는 노릇이다.

그러나 모든 사람이 성공할 수는 없다.

사회적인 성공을 거두려면 선천적인 자질도 필요하고 운도 따라야 한다. 그러나 대부분의 사람들은 흔히 사회적으로 성공하지 못한다. 나는 천성이 리더에 적합하지 않다. 리더보다 내가 자신 있는 분야에서 다른 사람을 도와주는 편이 더 어울리고 더 좋다. 그리고 애당초 사장이 되고 싶다는 생각을 해본 적이 없다.

모치즈키 증권 시절, 사장인 모치즈키는 물론이고 전무나 상무도 모두 좋은 친구였다. 정말 여러 모로 믿음직스럽고 배울 점이 많은 동료들이었다. 어쩌다 의견 충돌이 생기더라도 서로 사이가 좋았기 때문에 원만히 해결되었다. 나는 그들이 무슨 일이건 나에게 의논해 주는 것이 정말 기뻤다. 우리는 회사 내 지위와 상관없이 지냈다. 나는 그들을 위해 내가 할 수 있는 한 최선을 다했다.

나는 아이디어를 정리하거나 원고를 작성하는 일에 자신이 있었다. 남들이 회의에서 나온 아이디어를 그저 메모한다면 나는 그것을 정리하고 새로운 내용을 첨가하여 문서화하는 일을 잘했다.

지금은 당시 내가 무슨 내용을 정리했는지 잊어버렸지만 모치즈키의 가족은 지금도 그 원고들을 소중하게 보관하고 있다. 언젠가 아이하라 쇼이치로(相原正一郎)라는 사람에게 이런 말을 듣기도 했다.

“모치즈키 씨는 행복한 분입니다. 당신 같은 사람이 곁에 있다니….”

이미 이 세상 사람이 아닌 아이하라 씨는 모치즈키 증권이 합병한 가쿠마루 증권이 다시 니폰간교가쿠마루 증권과 합병했을 때 사장으로 취임한 사람이다. 비록 사장에 취임했다지만 아이하라 씨 주변의 모든 임원진은 하나같이 그의 자리를 노리는 라이벌들이었다. 그랬으니 나처럼 사장인 모치즈키를 진심으로 생각하고 염려하며 돕는 측근이 부러웠을 것이다. 어쨌든 그에게서 이런 말을 들었을 때 기분이 좋았다.

“모치즈키 씨는 행복한 분입니다. 당신 같은 사람이 곁에 있다니….”

전쟁은
되풀이되어선 안 된다

이타심을 소중하게 여기는 풍습은 이미 오래전부터 이어져 온
것이다.

대학 시절 나는 18~19세기의 프랑스 경제학이 가르친 이타심
에 많은 영향을 받았다. '이타주의'는 프랑스 철학자 콩트(Auguste
Comte)가 만든 말이다.

'경제윤리학'이라고도 할 수 있는 철학이 생길 무렵, 프랑스는
1789년 프랑스 혁명 직후여서 매우 혼란스런 상태였다. 왕정으로
복귀되는 듯하다가 의회제로 바뀌는 등 정치적으로 특히 혼란스러

윘다.

영국 역시 산업혁명 이후 산업화로 인해 사회 변화가 극심했다. 산업화로 대량 생산이 이뤄졌고 경제가 고도 성장기를 맞았으며 이웃 나라 프랑스와는 전쟁을 치러야 했다. 경제적 능력을 갖춘 이들은 산업화와 전쟁을 통해 더 큰 이득을 얻었으나 거기서 소외된 이들은 더 가난해졌고 병들었다. 전쟁으로 인해 사람들은 하루가 다르게 이기적으로 변해 갔고 세상은 더 살벌해졌다.

당시 콩트 같은 지식인들은 사회 변화와 혼란을 바라보며 '더 두고 볼 수 없다'고 결의하고 더 큰 돈을 벌기 위해 혈안이 된 사람들을 진정시켜야 한다고 판단했을 것이다.

한편, 과거 일본에서는 개인보다 공공의 이익을 앞세우는 측면이 있었다. 공공의 질서와 이익을 강조한 메이지 천황이 제시한 '교육칙어'가 대표적인 예다. 나도 어린 시절에 매일 "짐이 생각건대…" 하고 낭독한 기억이 있다. 그것이 좋고 나쁘고를 떠나 국가 차원에서 국가와 사회에 헌신하는 교육을 추구했기 때문에 매서운 전쟁에서도 나보다 타인을 위해 최선을 다한 측면이 있다고 본다.

그러나 공공의 이익도 보편성을 잃으면 평화를 위협한다는 것이 인류가 지난 역사에서 배운 교훈임을 잊지 말아야 할 것이다.

군대 생활도 나보다 남을 생각하게 해준 계기가 된 것 같다. 내가 배속된 군대에서는 단체 생활을 위해 참아야 할 일들이 많았다. 우리 중 한 사람만 잘못하거나 규율에 어긋나는 행동을 하면 단체가 기합을 받곤 했기 때문이다. 나는 징병 검사도 간신히 통과해 갑종 합격을 받았다. 더구나 키가 가장 작은 터라 각종 기합에서 열외가 되곤 했다. 그런 과정에서 사람은 혼자서는 절대 살 수 없다는 평범한 진리를 절감하곤 했다.

전쟁은 정말 나쁜 것이다. 그래서 군대는 애초에 존재하지 않는 것이 옳다. 나의 군대 시절에는 고참이 새로 들어온 신참을 구타하는 일이 흔했다. 더구나 전쟁터에서는 그보다 더 혹독하고 참혹한 일이 벌어진다. 정말이지 전쟁은 절대 되풀이되어선 안 된다. 군대는 어쩔 수 없더라도 전쟁만큼은 안 된다.

그럼에도 남자들은 군대에서 많은 걸 깨닫고 돌아온다. 내가 '사람은 함께 살아야 한다. 혼자서는 절대로 살 수 없다'를 배운 것처럼 말이다.

 100살이다 왜!

　물론 군대가 아니더라도 과거에는 초등학교에 '수신'(修身) 수업이 있어서 사회생활의 기본을 배웠다. 수신은 학교에서 가르치는 일종의 '예절 교육'이라 할 수 있다. 나는 '수신' 수업에서 도쿠가와 막부 시절의 농촌 운동가인 니노미야 긴지로(二宮金次郎)나 세균학자인 노구치 히데요(野口英世) 등의 이야기를 통하여 효행이나 공공의 선을 위한 공공 정신, 친구들과의 우정, 근검절약 등을 배웠다.

　그런 수신 수업이 2차대전 이후 학교에서 사라졌다. 나는 이것이 오늘날 일본의 문제를 가져왔다고 생각한다. 다 같이 함께 살아가는 것이 얼마나 중요한 것인지를 배울 기회를 놓쳤기 때문이다.

우리는 다 같이, 함께 살아가야 한다.

말보다 행동을!

　사람들은 흔히 세상을 혼자서 사는 것처럼 말하고 행동한다. 또한 독선이 자유라고 착각하는 사람도 많다.

　내가 역 구내를 걷고 있으면 마주 오는 사람과 부딪힐 듯한 상황이 자주 발생한다. 서로가 상대방을 피하려 하지 않기 때문이다. 그래서 내가 먼저 필사적으로 그들을 피하면서 걸음을 옮긴다. 흔히 젊은이들은 휴대전화로 통화를 하거나 이어폰으로 음악을 듣느라 주변을 살펴볼 겨를이 없다. 정말 위험하다. 그래서 나는 시내를 걸어다니는 것이 때론 두렵다. 얼마 전에 요코하마역에서 젊은 사람과 세계 부딪쳐서 바닥을 뒹군 적이 있다. 다행히 심한 부상은 없었지만 아무래도 젊은이와 부딪치면 노인인 내가 부상당하기 십상이다.

이기적인 행동과 나이는 사실 전혀 관계가 없다. "요즘 젊은이들은 너무 이기적이어서…"라고 말하지만 노인들도 이기적이고 독선적이기는 마찬가지다. 전철 안에서 사람들이 지나다니는 통로에 짐을 내려놓아 길을 가로막고는 무엇이 잘못되었는지조차 모르는 노인도 있다. 타인에 대한 배려가 전혀 없는 것이다.

선거 때만 되면 선한 얼굴을 하는 정치가들은 국민이 그에게 맡긴 임무를 곧잘 망각한다. 어떻게 해야 우리 사회가 나아질 것인지를 진지하게 고민하지 않는다. 그런 점에서 전후에 수상을 역임한 요시다 시게루(吉田茂)는 정말 대단한 정치가였다. 그는 국민을 먼저 생각하는 사람이었다. 사람들을 자기편으로 끌어들이는 능력도 있었고 시의적절한 때에 할 말을 할 줄 아는 사람이었다.

요시다는 패전국 수상이면서 연합군의 맥아더 장군 앞에서 전혀 기죽지 않았다. 오히려 자기 할 말을 했고 그와 가까이 지냈다. 그는 어떤 상황에서도 패기를 잃지 않으면서 상대로 하여금 신뢰하게 만드는 리더십을 갖춘 사람이었다. 요즘에 이런 정치가를 만나기란 참 쉽지 않다. 오늘날이야말로 요시다처럼 적도 자기편으로 만드는 능력을 갖췄으면서 용감하게 자기 할 말을 하고 또 국민을 납득시켜서 이끌고 가는 리더가 필요하다. 더 이상 그런 리더가 나타나지 않을까 정말 걱정된다.

요시다 같은 리더가 있다면 내가 모치즈키를 필사적으로 지원했듯 그를 지원하겠다고 나서는 사람이 분명히 있을 것이다. 그런 리더가 없기 때문에, 모범으로 삼아 배울 만한 선배가 없기 때문에, 모두가 한결같이 독선적이고 이기적으로 변해 가는 게 아닐까 한다.

현대인은 이기적이고 독선석이라고 비판하는 것은 어려운 일이 아니다. 하지만 그래서는 아무것도 바꿀 수 없다. 나부터 먼저 모범을 보여야 세상이 달라진다.

"말보다 행동을!"

어려서부터 귀에 딱지가 앉도록 들어 온 말이다. 또 나 자신도 지겹도록 한 말이기도 하다. 그러나 한 세기가 지나도록 이 말을 실천하기는 여전히 어렵다.

"말보다 행동을!"

합리적 이타주의는 동물의 본능이다

민주주의나 시장경제의 토대를 이루는 것은 공공의 정신이다. 하지만 공공을 위해 개인이 지나치게 희생되는 것은 생각해 볼 문제다. 그러나 한편으로 모든 개인이 개인주의적이고 이기적일 때 사회는 제 기능을 발휘하지 못하게 된다.

1890년에 메이지 천황에 의해 발표된 '교육칙어'는 전쟁 전에는 교육의 중심 사상이었으나 전쟁 후에는 버려진 사상이다. 후쿠타로 씨가 "많은 내용을 배웠다"고 기억하는 '수신'은 전쟁 후 군국주의 교육으로 간주되어 이후 '도덕'이라는 과목으로 바뀌었다.

전쟁 이후 지나치게 개인주의로 치닫는 것에 대해 심히 우려하는 후쿠타로 씨는 "독선적인 행동은 바람직하지 않다", "이타주의가 나의 신념이다"는 말을 곧잘 입에 올렸다. 처음에 이 말을 들었을 때는 신세 진 사람에 대해 '의리'나 '인정'을 지키는 의미로 이해했다. 그러나 그의 말을 진지하게 들어 보면 그의 입에서 '의리'나 '인정' 같은 단어는 거의 나오지 않는다. '나를 희생해서라도 최선을 다해'와 같은 전쟁 이전의 교육 정신과도 다르다.

종교적 입장에서 주창되었던 이타주의를 서양 철학 속으로 끌어들인 사람은 프랑스의 철학자 콩트(1798~1857)다. 콩트는 프랑스 혁명의 막바지에 태어나 정치적인 급변기를 지켜보면서 당시 아이작 뉴턴이 주도한 과학혁명에 깊은 영향을 받았다. 사회학이라는 용어도 그가 제창했는데 그는 사회학이라는 학문을 자연법칙에 종속된 과학으로 정립시키려 했다.

콩트의 사회학은 여러 가지 과학 중에서도 특히 생물학의 영향을 받아 사회를 하나의 유기체로 보았으며 사회의 기본 구성 단위를 '개인'이 아닌 '가족'으로 보았다. 가족이 개인의 이기심을 중화

시키고 사회 통합을 돕는 최소 단위라고 생각했기 때문이다.

　사회가 복잡해질수록 구성원들은 서로 의존하고 연대하여야 사회가 진보한다는 믿음이 '이타주의'의 근간을 이루고 있다.

　후쿠타로 씨가 좋아하는 '한 알의 밀알이 죽지 않는다면'이라는 말은 원래 신약성경의 요한복음에 나오는 말이다. 프랑스의 소설가 앙드레 지드의 작품을 번역한 책의 제목이기도 하다. 이 말 역시 자기희생 정신을 상기시키지만 후쿠타로 씨가 말한 이타주의와는 조금 다르다.

　후쿠타로 씨의 이타주의는 자기를 버리면서까지 희생하는 것이 아닌 대등한 관계로서 상대를 진지하고 소중하게 생각하는 것을 말한다. 합리성을 중시하는 경제학 연구자다운 생각이라 여겨지는데, '인정이나 동정은 사람에게 도움이 되지 않으며 오히려 상호작용이 중요하다'는 것이 그의 이타주의의 핵심인 듯하다.

즉 후쿠타로 씨가 생각하는 '이타주의'에는 '양쪽이 모두 행복해진다'는 전제가 깔려 있다. '호혜적'(互惠的)이라고도 말할 수 있는데, 내가 상대를 이롭게 하면 내게도 이로움이 돌아온다는 사고방식이다. 사실 동물도 이런 사고방식을 바탕으로 행동하는 습성이 있다. 후쿠타로 씨의 이타주의는 인간이나 동물의 본능에 기초한다고 말할 수 있다.

그런 점에서 후쿠타로 씨는 인간이나 동물이 이미 갖고 있는 '본능'에 충실해서 살아왔다고 말할 수 있다. 그가 "일하는 것도 본능", "인간 역시 동물", "이타주의가 중요"라는 말을 되풀이하는 것을 보면 그런 생각이 든다.

Story Three

우리는
우주의 일부로 돌아간다

100살이다 왜!

생명은 누구의 것인가

"할아버지, 사람은 죽으면 어떻게 돼요?"

손녀 나오코가 예전에 이런 질문을 했을 때 나는 다음과 같이 대답했다.

"생명은 자기 것이 아니란다. 어디까지나 하늘에서, 우주에서 부여받은 것이지. 그리고 죽는다는 것은 인간이 마음을 잃어버린다는 의미야. 마음을 잃고 육체만 존재하는 '물질'로 바뀌는 거야."

인간은 죽으면 무(無)로 돌아간다. 더 이상 존재하지 않는다. 영혼 따위는 없다. 사후 세계니 윤회니 전생이니 하는 말을 믿는 사람도 있겠지만 나는 그런 것을 믿지 않는다.

사자가 다시 태어났다는 이야기를 들어 본 적이 없다. 고양이가 환생했다는 이야기도 들어 본 적이 없다. 그렇다면 사람도 다시 태어나지 않는다. 생명과 관련해 인간만 다른 동물과 다르다고 주장하는 것은 있을 수 없다. 그렇지 않은가?

일본에도 불교를 믿는 사람들이 많다. 불교의 가르침은 나쁘지 않으나 오늘날 불교는 깨달음과 마음 수행을 위한 종교가 아니라 장례를 위한 종교가 되어 버렸다. 불교에 종사하는 사람들 중에 돈 버는 데만 관심을 기울이는 사람들이 많기 때문이다. 불교가 지금처럼 돈을 밝히게 된 것은 에도시대(1603~1867. 도쿠가와 막부가 무인 정권을 잡고 265년간 다스리던 시기, 역자 주)에 승려의 정치 개입을 막기 위해 불교계의 금전 융통을 수월하게 해줬기 때문이라고 들었다. 지금 불교계에선 사망한 이후에 붙여지는 계명도 금액에 따라 달라진다. 사망한 후에도 돈으로 계급을 이어받는다니, 그런 일은 있을 수 없다.

죽으면 모두 똑같아진다. 인간의 가치는 돈이 아니라 살아생전 자신이 다다른 인격의 높낮이에 있다.

사람이 죽으면 무가 되지만 '물질'로서는 완전히 사라지는 것이 아니다. 완전한 무가 아닌 것이다.

생명체는 죽어서 육체를 잃어도 우주의 어딘가에 어떤 형태로든 남게 된다. 사라지는 것은 마음이다. 그러나 육체는 사라져도 마음은 자손을 통해 이어진다. 죽어서 육체가 다시 부활하는 일은 없다. 이미 '물질'이 되어 버렸기 때문이다. 단지 자손이 나의 마음을 이어받을 뿐이다.

그렇기 때문에 죽은 사람을 살아 있는 사람이 어떻게 다루건 이미 생명을 잃은 사람을 다시 만날 수는 없다. 인생을 다시 살 수도 없다. 천국이든 지옥이든 존재하지 않는다. '무'가 될 뿐이다.

따라서 사람은 살아 있는 동안에 최선을 다해 살아야 한다. 만일 인생을 다시 살 수 있다면 누가 지금처럼 죽을힘을 다해 열심히 살 겠는가? 그러나 우리는 죽으면 다시 살아나지 못하고 '무'가 될 뿐 이다. 그러므로 살아 있는 동안에 다른 사람을 위해 얼마나 많은 노력을 했는가가 가장 중요하다.

'우주교'를 믿는다

우리가 살고 있는 지구는 우주의 일부다.

지구를 비롯한 행성들이 태양의 둘레를 도는 태양계가 있고, 이 태양계가 속한 안드로메다 은하계가 있다. 안드로메다 은하계에는 태양과 같은 별이 1,000억 개가 넘는다고 한다. 그리고 우주에는 이러한 은하계가 1,000억 개가 넘는다고 한다.

지구는 무한이라고 해도 좋을 이 거대한 우주에서 그야말로 보잘것없는 존재다. 우주의 크기와 비교하면 지구는 그야말로 티끌에 지나지 않는다. 점보다 더 작은 존재다. 그러나 지구가 우주를 구성하는 일부임에는 틀림없다. 그리고 그런 지구에 살고 있는 인간은 아무리 작은 존재라 해도, 우주의 일부인 것 또한 분명한 사실이다.

내가 죽어서도 반드시 티끌 같은 것은 남을 것이다. 영혼이 아니다. 티끌이다. 인간이건 동물이건 마지막에는 모두 우주의 티끌로 변한다. 그리고 마음이 사라지고 육체가 사라지고 우주의 티끌이 되어 드넓은 우주로 흩어지면 우주의 일부로 돌아가게 된다. 그렇다면 완전한 '무'가 되는 것도 아니다.

나는 특별히 종교를 가져 본 적이 없다. 그러나 우주가 존재한다는 사실이나 그 크기가 상상을 초월한다는 것은 믿기 때문에 굳이 표현하자면 '우주교를 믿는다'고 할 수 있다. 오늘날 모든 종교에 대해 옳다, 그르다고 말할 수 없지만, 종교의 정신만큼은 필요하다고 생각한다.

학자들의 연구에 의하면 우주는 탄생한 지 137억 년이 지났다고 한다. 내가 어렸을 때는 우주는 시작도 없고 끝도 없는, 영원히 같은 상태가 지속된다고 배웠다. 그러나 지금은 우주에는 시작이 있으며 지금도 팽창하고 있다고 본다. 우주의 팽창이 밝혀진 것은 내 나이 17세인 1929년의 일이다. '허블 망원경'으로 유명한 에드윈 허블(Edwin Hubble)이라는 사람이 밝혀냈다고 한다.

그리고 빛의 속도로도 수만 년, 수억 년이 걸려야 하는 저 너머에 별이 있다는 사실도 밝혀졌다. 지구가 탄생한 지는 46억 년이 지났다. 이런 우주의 역사와 비교하면 내가 1세기를 살았다는 것도 그야말로 순간에 지나지 않는다. 우주 시간을 기준으로 본다면 100년이건 50년이건 별 차이가 없다. 내가 살아온 시간은 우주의 입장에서 보면 별 의미가 없다. 가만히 생각해 보면 맥이 빠진다.

우주를 구성하는 물질들 중 지구인이 알고 있는 물질은 겨우 4%에 지나지 않는다고 한다. 나머지 96% 중에서 23%는 암흑 물질, 73%는 암흑 에너지라고 한다. 암흑이라는 것은 알 수 없는 물질, 알 수 없는 에너지로 형성되어 있다는 의미다. 이것을 다시 말하면 우리는 이 우주가 어떤 존재인지에 대해 겨우 4%밖에 이해하지 못하고 있다는 의미다. 즉 거의 모르고 있는 것이다.

우주가 존재하는 것은 분명한 사실인데 그것에 대해서는 거의 모르는 것이다. 최근에는 우주가 다른 차원에서 예닐곱 개 더 존재할 수 있다는 학설도 나오고 있다. 우주는 상상조차 하기 어려운 엄청난 존재인 것만은 분명해 보인다.

존재하는지 존재하지 않는지조차 불투명한 신을 믿느니 수수께끼투성이지만 존재하는 것만큼은 틀림없는 우주를 믿는 것이 훨씬 낫지 않을까? 우주를 믿는다 함은 우주에 대해 생각하고 '죽으면 우주의 일부로 변한다'는 사실을 받아들이는 것을 말한다.

내가 죽으면 나는 '물질'로 변한다. 마음은 분명히 사라지지만 우주의 암흑 물질이나 암흑 에너지와 하나가 될지도 모른다.

우주는 정체가 알려지지 않은 것인 만큼 어떻게 생각하건 자유다.

인간은 너무 불손해졌다

태어난 지 137억 년이 지난 우주와 비교하면 젊은 편에 속하겠지만 우리가 사는 지구도 무려 46억 년이나 되었다. 우리에게도, 이전의 사람들에게도, 또 앞으로 태어날 사람들에게도 삶의 터전인 지구는 정말 소중한 존재다. 그런데 지금 지구상에는 인간이 너무 많이 증가한 것이 아닐까? 지금 이대로 100억 명으로 늘어난다면 도무지 상상도 못한 문제들이 여기저기서 터져 나올 것이다. 내 눈에는 인류가 다른 생물을 희생시켜 인구를 증가시키는 것으로 보이기 때문이다.

인간은 불손해진 듯하다.

줄곧 마음에 걸리는 문제였는데 우선 ‘자연보호’라는 표현이 올바르지 않다고 생각한다. 실은 자연보호가 아니라 인간이 오히려 자연의 보호를 받고 있는 것이 아닌가?

허리케인을 비롯한 거대한 태풍이나 대지진 등의 자연재해가 발생할 때면 자연이 화가 났기 때문이라는 생각이 든다. 지진의 규모도 더 커질 가능성이 얼마든지 있다.

인간이 알고 있고 경험한 것은 빙산의 일각에 지나지 않을 수도 있다. 그런데도 인간은 자기의 경험치를 가지고 더 이상의 위험은 없을 것이라고 마음대로 판단해 버린다. 그럼으로써 지구상에는 계속해서 위험한 일이 일어나고 있다. 더 이상 인간이 살 수 없는 지구로 변해 버릴 가능성이 충분해 보인다.

지구를 위협하는 인간의 도발이 멈춰지지 않기 때문이다. 내가 고루해서 그런지는 모르지만 이제 새로운 것을 시도할 때는 지구에 미칠 부정적인 측면을 먼저 고려해야 한다고 생각한다. 이미 지구는 그런 지경에 이르렀다.

그것이 46억 년이나 살아온 지구를 지키기 위해 100년 남짓한 인생밖에 살 수 없는 인간이 해야 할 일이다.

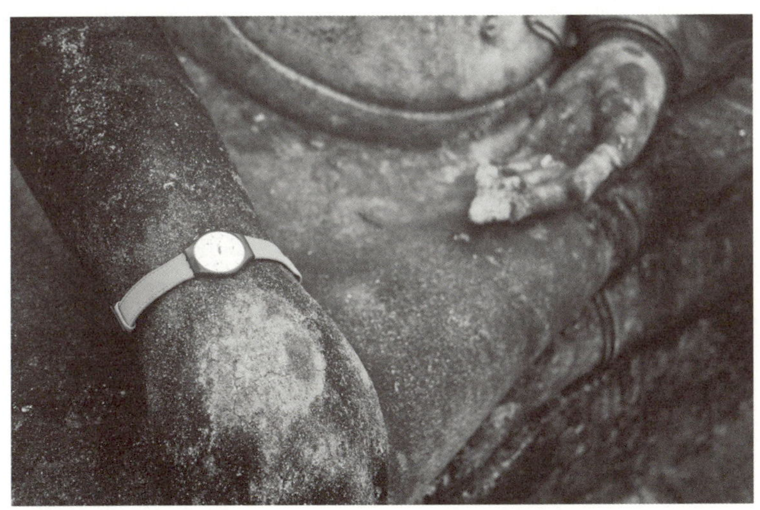

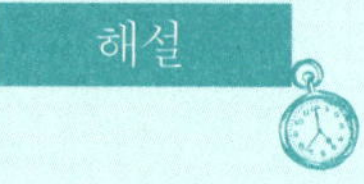

우주 규모로 사물을 생각한다

후쿠타로 씨가 믿는 '우주교'란 꽤 참신하다. 우주교는 다른 말로 하면, 비록 알 수 없는 것투성이지만 확실히 존재하는 우주와 지구, 그리고 그 능력에 경외심을 갖는다는 의미다.

후쿠타로 씨는 우주교를 믿지만 이른바 기존의 종교단체가 가르치는 신앙심은 없다고 말한다. 하지만 종교단체에 참여하지 않는다는 의미일 뿐 신앙심 자체가 없다는 의미는 아니다.

한편, 일본인의 신앙심에 관한 흥미로운 자료가 있다. 2006년에 제일생명경제연구소가 전국의 40세부터 74세까지의 1,000명을 대상으로 조사한 설문조사에서 묘지 참배를 가는 사람은 약 80%인 반면, 특정 종교나 종파를 믿지 않는 사람은 약 40%에 이르렀다. 특히 40~49세의 과반수가 신앙을 가지고 있지 않았다. 후쿠타로 씨도 신앙을 가지고 있지 않은 사람으로 분류될 것이다. 또 이 조사에서 종교가 없어도 행복한 생활을 할 수 있다고 생각하는 사람이 80% 이상이었다.

그러나 특정 신앙을 가지고 있지 않더라고 "하느님이나 부처님을 함부로 대하면 벌을 받는다"(71.3%), "신앙은 죽음에 직면했을 때 마음을 지탱해 준다"(64.8%)고 대답한 사람은 많았다. '인간이 컨트롤할 수 없으며 눈에 보이지 않는 초월적인 존재'를 경외하는 마음은 신앙의 유무와 상관없는 마음인지도 모른다. 위의 조사 결과는 한편으로 일본이 특정 종교에 매달릴 필요가 없을 만큼 행복한 고도 성장기를 경험했다는 반증일 수 있다.

또 2008년에 요미우리신문이 실시한 일본인의 종교관에 관한 조사에 의하면, 죽은 사람의 영혼이 '환생한다'고 대답한 사람이 29.8%로 가장 많았다. 20~30대의 젊은이일수록 환생을 믿는 경향이 강했다. 이밖에 '다른 세계로 간다'(23.88%), '소멸된다'(17.6%) 순으로 나타났다. '소멸된다'의 경우 남자가 23%, 여자가 13%로 남자가 더 많았다. 한편, '묘지 참배를 한다'는 9.9%, '영혼은 존재하지 않는다'는 9.0%로 나타났다.

후쿠타로 씨는 영혼의 존재를 믿지 않으니까 가장 마이너리티가 될 것이다.

참고로 미국인의 종교에 대한 의식은 어떨까? 2008년에 발표된 'US Religious Landscape Survey'에서 응답자 5명 중 1명이 특별히 믿는 종교가 없다고 대답했다. 그러나 전체의 92%가 신의 존재를 믿으며 74%가 사후 세계나 천국의 존재를 믿었다. 기적을 믿는 사람도 79%에 이르렀다.

한편, 무슨 이유에서인지 천국과 쌍을 이루는 지옥의 존재를 믿는 사람은 그보다 적어서 59%에 지나지 않았다. [조사는 '종교와 국민생활에 관한 퓨 포럼'(Pew Forum on Religion and Public Life)이 2007년에 18세 이상 3만 5,000명을 대상으로 인터뷰한 것이다.]

만일 "사후 세계 따위는 존재하지 않는다. 천국도 지옥도 없다"는 후쿠타로 씨의 이야기를 미국인이 듣는다면 화를 내는 사람이 꽤 될 것이다.

사후 세계가 존재하건 존재하지 않건, 그것을 믿건 믿지 않건, 우주를 기준으로 비교할 때 인간은 그야말로 보잘것없는 존재다. 이 보잘것없는 인간의 눈으로 모든 사물을 판단하는 것은 무리다. 극히 작은 단편을 기준으로 헤아릴 수 없이 큰 전체를 판단하는 오류를 범하기 십상이다.

후쿠타로 씨는 인간의 이 같은 오만이 인류를 위험에 빠뜨릴 수 있다고 본다. 현대는 엄청난 속도로 기술 혁신이 일어나고 있다.

그런 만큼 이제 새로운 발견, 새로운 기술을 적용하려면 100년, 천년, 1만 년 후에 지구에 끼칠 영향을 고려해서 신중하게 행동해야한다.

후쿠타로 씨가 줄곧 가슴속에 끌어안고 있던 이 문제의식은 현대를 사는 우리가 함께 고민해야 할 과제일 것이다.

그러나,
불행하다고
생각해 본 적은 없다

우연한 만남, 뒤바뀐 운명

내가 대학의 조교가 된 뒤 일본은 엄청난 기세로 전쟁에 돌입했다. 전시 중에는 일본 전역이 매우 고통스러운 상황에 놓였다. 당시 고노에 후미마로(近衛文磨) 수상은 '국민정신 총동원'을 강조하면서 밤거리에 네온사인을 모두 없애고 설날이나 추석에도 사치를 엄격하게 금지했으며 민머리를 강요했다. 사치품은 조사해서 몰수하기까지 했다.

일상이 모두 군대식으로 바뀐, 매우 부자유스러운 세상이었다.

대학 조교였던 나는 2·26(육군 황도파 청년 장교들이 1,483명의 병력을 이끌고 일으킨 국가 반란 사건. 쿠테다는 실패로 끝났고 이후 일본은 군국주의를 강화했다, 편집자 주)사건이 터진 이듬해인 1937년에 징병된 후 제1사단 보병 제57연대에 배속되어 만주로 건너갔다. 일개 사병으로 징병되었지만 다행히 마지막까지 위험한 장소로 배속되지는 않았다. 정말이지 운이 좋았다.

나는 키가 158cm로 군대에서도 가장 키가 작았다. 군대에서 행군할 때 선두는 가장 키 큰 사람이 선다. 가장 키 큰 사람이 선두에

서 그 긴 다리로 보폭을 크게 하면 나처럼 키가 작은 사람은 잰걸음이 되어서 가장 먼저 지치게 된다. 그런 까닭에 행군은 정말 힘들었다. 게다가 키가 작으면 바보 취급을 당한다. 그래도 소년병으로 군대에 들어가자마자 즉시 만주로 이동했을 때는 대학을 졸업했다는 이유로 분대장을 맡았다.

우리의 주둔지는 산속이었다. 불행히도 사이즈가 맞는 군화가 없어서 군화에 발이 쓸려 나중에는 그 상처 때문에 더 이상 걷지 못했다. 할 수 없이 부대에서 당나귀를 빌려 주어 나만 당나귀를 타고 행군했다. 군대에도 나름대로 관용이 있었다.

그런 내가 분대장이라니 모두가 코웃음을 쳤을 것이다. 그러나 당시는 대학 졸업자가 그만큼 희귀했다. 화물선을 타고 다음 주둔지로 이동할 때는 병사들이 배 멀미 때문에 고생이 이만저만하지 않았다. 갑판 아래에 잠자리가 있어서 어부 출신의 병사들조차 괴로워했다. 하지만 나는 다행인지 불행인지는 모르겠지만 분대장으로서 할 일이 너무 많아서 배 멀미할 시간조차 없었다.

입대 후 즉시 시험을 치러 1938년에는 간부 후보생으로 소위를 달았다. 그리고 다시 만주로 부임했다. 제1사단은 2·26사건의 책임을 져야 한다는 이유로 이른바 '좌천'을 당해 다시 만주로 떠나야 했던 것이다.

만주에서는 헤이허(黑河) 근처 쑨우(孫吳)라는 곳에서 병사가 아닌 경리부원으로서 주둔했다. 그 후 일단 소집해제가 되어 일본으로 돌아왔지만 미국과 전쟁이 발발하자 다시 소집되어 무단장(牧丹江)의 공병연대로 가게 되었다. 나는 군대에 복무하는 동안 만주와 일본을 오가는 생활을 했다.

만주의 쑨우에서 군대생활을 하던 시절, 나의 상관은 참모본부 제2부 6과 영미정보반에서 경제 정보를 담당했다. 그 상관과 함께 술을 마실 때 내가 술값을 낸 적이 있다. 내가 그 상관을 위해 한 일이라곤 그것밖에 없었다. 그럼에도 상관은 나를 기억하고 이후 담당 부서의 인원이 필요했을 때 "아, 후쿠이가 있었지. 그래, 그 친구를 부를까" 하며 나를 영미정보반으로 불러 주었다.

내가 영미정보반으로 발령받아 나간 지 얼마 후 내가 소속된 제
1사단 좌창 57연대의 전우들은 남방의 격전지로 떠났다. 그리고
나는 그들을 다시는 보지 못했다. 호송선을 타고 가다가 거의 전원
이 몰살당했다는 소식만 들었을 뿐이다. 내가 상관의 도움으로 차
출되지 않았다면 나 역시 그들과 같은 운명을 맞았을 것이다. 그때
를 생각하면 인생에서 '만남'만큼 소중한 것도 없다는 생각이 든다.

우연히 상관을 만났고 그에게 술 한 잔 대접했을 뿐인데, 그 덕
분에 나는 육군참모본부로 배속되어 죽음의 위기를 넘길 수 있었
다. 그때까지 나는 내가 참모본부에 배속되리라고는 꿈에도 생각
못했다.

인생에서 운이란 것이 얼마나 대단하고 무서운 건지 모른다.

그때의 우연한 만남으로 인해 나는 지금 100세의 수를 누리고
있다.

다시 세계대전이 발발한다면?

나는 입대하자마자 만주로 건너갔다. 당시 만주로 건너갈 때 나는 일본으로 쉽게 돌아오지 못할 것이라 생각했다. 그렇다고 도망칠 수도 없었다. 도망치다 잡히면 그대로 총살을 당했기 때문이다. 그래서인지 나는 만주로 향하면서도 무섭다거나 얼른 고국으로 돌아오고 싶다거나 하는 생각을 하지 못했다. 사실 그럴 상황도 못 됐다.

나는 운 좋게 참모본부에 근무하면서 미국 등을 조사하게 되었고, 그러면서 만일 일본이 미국과 전쟁을 한다면 일본이 절대적으로 위험하다는 것을 알게 되었다. 이것은 당시 군 내부에서 공공연한 비밀이기도 했다.

미국에서 무관으로 근무하다가 귀국한 과장이 같은 부서에 있었다. 그는 일본의 국력이 미국과 전쟁을 벌일 만하지 않다는 걸 잘 알았다. 미국과 전쟁을 한다면 일본이 반드시 패할 것이라고 내다봤다. 실제로 당시 미국을 다녀온 사람들은 두 나라 간의 국력 차이가 엄청나다는 것을 잘 알고 있었다. 그러나 일본의 높으신 양반들은 "신풍(神風)이 불어서 승리할 테니 걱정할 일 없다"고 진심으로 믿었고, 국민들에게도 그 같은 믿음을 강요했다.

물론 나는 그런 어리석은 말을 믿지 않았다. 애당초 신풍이라는 것이 우연을 바라는 것이고 실제로 신풍이 불어 준다 해도 그까짓 바람에 상대의 군함들이 침몰할 리 없었다. 이것은 상식적으로 생각하면 누구나 알 수 있는 사실이었다. 하지만 군인은 높으신 양반의 명령에 무조건 복종해야 한다. 그들의 명령을 거역하면 총살감이었다.

동물은 본능적으로 싸움을 한다. 인간의 전쟁 역시 인류가 존재하는 한 사라지지 않을 것이다. 전쟁은 인간의 본능 중 하나이기 때문이다. 또 인간의 본능상 전쟁은 불가피한 것으로 보인다. 나는 내가 만일 총알이 날아드는 전쟁의 포화 속에 있었다면 어땠을까 상상해 본다. 얼마나 끔찍했을 것이며 얼마나 끔직한 일을 당했을 것인가?

전쟁은 정말 무섭고 무시무시한 것이다. 전쟁터에서 인간은 정상적인 정신 상태를 유지할 수 없다. 바꾸어 말하면, 제정신을 가지고는 절대로 전쟁을 할 수가 없다. 그런 까닭에 전쟁터에서는 평소에는 도무지 상상할 수 없는 끔찍한 일이 일어난다. 그런데 그 끔찍한 일을 지극히 평범한 사람인 내가 저지른다. 내가 하지 않으면 내가 당하기 때문이다. 조금만 방심하면, 조금만 제정신이면, 그대로 저승길로 향하게 되기 때문이다. 나는 다행히 전투 현장에 나간 적은 없지만 만약 전투 현장에 나갔다면 어쩔 줄 모르고 우물쭈물거리다가 가장 먼저 목숨을 잃었을 것이다.

만약 지구상에 다시 세계대전이 일어난다면 그때는 멈추기 힘들

것이다. 그대로 인류와 지구의 재앙이 되고 말 것이다. 인류가 그런 불행을 막지 않으면 안 되는 이유다. 그런데 최근의 국제 관계를 보고 있으면 심히 걱정스럽다.

만일 다시 세계대전이 일어난다면 그때는 정말이지 인류는 물론이고 지구 자체가 사라져 버릴 것이다.

고통과 힘겨움이
나를 지나갔지만

군대에서는 다행히 위험한 상황을 만나지 않았다. 그러나 개인적으로는 가슴 아픈 일이 있었다. 두 아이를 잃은 것이다.

나는 1939년 27세의 나이에 아내와 결혼을 했다. 군에 입대해 만주로 떠난 뒤 결혼식을 올렸다. 듣기에 원자력이라는 것이 처음으로 등장한 것도 1939년이라고 한다. 당시 만주는 전쟁터는 아니었지만 그 이듬해 16~19세 청소년을 징집해 만주의 관동군을 측면 지원한다는 '만몽개척청소년의용군'이 발표되었다. 내가 결혼한 직후 만주는 본격적으로 전쟁 분위기로 돌변한 것이다.

내게는 지금 세 명의 자녀가 있다. 사실 이 세 명 외에도 두 명의 자녀가 더 있었다. 그러나 두 아이는 모두 전시 중에 세상을 떠났다. 둘 다 어린 나이에 질병을 앓다 목숨을 잃었다. 나는 결혼 후 줄곧 멀리 떠나 있었기 때문에 죽은 두 아이의 얼굴도 변변히 보지 못했다. 자식을 잃은 슬픔은 인간이 겪을 수 있는 가장 커다란 슬픔임에도 불구하고 나는 뼈아픈 슬픔을 느낄 겨를도 없었다. 돌아보면 그것이 더 슬프다.

아내는 당시 두 아이를 잃고 정말 힘들어했다. 언제나 우리 집에서 가장 훌륭한 사람은 아내였다. 무사히 양육한 세 아이의 교육도 모두 아내가 책임을 졌다. 아이들은 자라는 동안 내가 무슨 일을 하는지조차 제대로 알지 못했다. 하긴 당시는 아버지와 아들이 다정하게 대화를 나누는 그런 시대도 아니었다.

두 아이를 잃는 아픔을 겪고, 취직해서 이런저런 일을 당하며 고통스러워하고… 지나온 세월 동안 힘겨운 시간이 많았다. 하지만 나는 아무리 고통스러워도 내가 불행하다고 생각해 본 적이 없다.

군에 입대하게 되었을 때도 나는 내가 불행하다고 생각하지 않았다. 그저 어쩔 수 없는 일이라고 생각했다. 내가 징집된 뒤 언론의 자유도 봉쇄된 터라 탈영했다가 붙잡히면 최악의 경우 총살을 당했다. 그런 상황에서는 조용히 시류를 따르는 수밖에 다른 도리가 없었다.

불행한 시대에 태어났다고 인생을 비관해선 안 된다.
그것은 타인에게도, 자신에게도 아무런 도움이 되지 않는다.

100년 중 가장 행복했던 10년

이런 질문을 하는 사람들이 있다.

"100세가 된 후쿠이 씨에게 꿈이 있습니까?"
"100세가 된 후쿠이 씨에겐 어떤 꿈이 있습니까?"

사실 미래를 설계한다는 의미에서 꿈은 없다. 다만 자는 중에 꾸는 꿈은 지금도 꾼다. 그리고 꿈을 꾸는 동안에도 나름대로 얕은 의식이 있어서 "아, 아직 죽지 않았구나" 하고 깨닫는다. 하지만 어떤 꿈을 꿨는지는 깨고 나면 아무것도 기억나지 않는다.

"백 살이 되면 어떤 꿈을 꿔요?"

언젠가 손녀 나오코가 물어본 질문이다. 그런데 내 꿈에는 과거의 친구나 가족이 거의 등장하지 않는다. 지나온 인생에서 내게 소중했던 사람들은 대부분 세상을 떠났다. 부모님, 남동생, 친구들, 두 아이, 그리고 아내. 특히 아내가 세상을 떠났을 때 정말이지 너무 슬펐다.

아내가 떠나기 전 약 10년 동안은 둘이서 국내 이곳저곳을 여행했다. 매년 교토에도 갔다. 아내는 그런 여행을 정말 즐거워했다.

우리 집에서는 아내가 가장 훌륭한 사람이었다. 아내가 떠난 후 짐을 정리하면서 아내의 초등학교 시절 성적표를 다수 발견했다. 아내는 성적이 매우 뛰어난 학생이었다. 그러나 아내는 한 번도 이 점에 대해 말한 적이 없었다. 아내가 머리도 좋고 공부도 잘한 사람이었음을 그날 처음 알았다. 그것도 아내가 세상을 떠난 뒤에야 비로소.

아내는 자신에 대해서는 아무런 말도 하지 않았다. 오직 최선을 다해 아이들을 양육하고 가정을 꾸렸다. 아내가 없었다면 지금의 우리 집은 없었을 것이다.

세 명의 아이도 아내 혼자 다 키웠다. 큰아들 기쿠오는 미쓰코시에 근무한 뒤에 티파니 재팬의 초대 사장이 되었고, 마지막에는 해리 윈스턴 재팬의 회장으로도 취임하여 브랜드 비즈니스 세계에서 나름대로 큰 활약을 했다. 지금도 나는 큰아들 부부와 함께 생활하고 있지만 젊었을 때 아들과 변변한 대화를 나눈 기억이 없다. 그런데도 이렇게 잘 성장해 준 것은 모두 아내 덕분이다.

그런 아내와 함께 여행을 하며 돌아다닌 10년은 내가 살아온 100년의 세월 중에서 가장 행복한 시간이었다.

그럼에도 불구하고
행복한 인생

태어나자마자 도쿄라는 거대한 도시가 불바다에 휩싸이는 간토 대지진을 경험했다.

1929년에는 세계 대공황 같은 역사적인 대불황이 있었고, 그 전후로 두 차례의 세계대전이 터졌다. 개인적으로는 본처 자식이 아니어서 손가락질을 받는가 하면 냉랭한 시선을 견뎌야 했다. 전쟁 중에 두 아이를 잃는 고통을 겪어야 했고, 힘들게 들어간 대학 조교 자리도 전쟁 후 내려놓아야 했다.

돌아보면 나는 흔치 않은 경험을 너무 많이 했다. 하지만 나쁜 점만 나열하기 시작하면 아무리 평범한 삶도 끝이 나지 않을 것이다. 어떤 인생이든 고통 없는 인생은 없다. 그러나 어떤 인생이든 나쁜 경험만 하지 않고 좋은 경험도 많이 한다.

희로애락의 다양한 여정이 곧 인생인 것이다. 그래서 인생은 소중하고 가치 있다.

당시는 전 세계 사람들이 참혹한 고통에 빠졌다. 그런 시대에 태어난 것도 내 운명이다. 나는 우주로부터 부여받은 운명을 짊어지고 내가 할 수 있는 최선을 다해 살아야 한다고 생각했다. 그 여정에는 고통스런 기억도 있지만 행복한 기억도 있었으니 견딜 만했다.

군대에서는 나를 기억해 준 상관을 만나 목숨을 건질 수 있었고, 49세의 나이에 증권회사의 샐러리맨으로 고용해 준 고마운 친구도 있었다. 내 인생에서 가장 고맙고 위대한 아내도 만났다. 나의 자랑이자 고마운 지기인 아이들도 만났다.

증권회사에 들어갔을 때 정말이지 주식은 나와 맞지 않았다. 도무지 좋아할 수 없는 일이었다. 하지만 나는 이 일도 세상에 필요한 일이라고 생각해서 열심히 배웠고 연구했다. 당시 나의 일기장을 보면 매일 시장을 분석하고 정세나 사건을 기록해 둔 것을 볼 수 있다. 내 업무를 일사분란하게 처리하기 위해서 그랬던 것 같다. '주식'을 위해서가 아니라 어디까지나 '친구'인 모치즈키를 위해서 내가 할 수 있는 한 최선을 다해 일했다.

"조교를 그만두고 모피사업을 시작했을 때 위화감 같은 것은 없었습니까?"

사람들이 종종 묻는 질문이다. 그러나 나는 대학 조교가 대단한 일이라고 생각한 적이 없기 때문에 위화감 같은 것은 전혀 느끼지 않았다.

문화에 우열이 없듯이 일에도 우열이 없다. 어떤 일이건 세상에 필요한 일이라면 가치 있는 일이다.

　과거에 비하면 지금은 모두가 장수할 수 있는 행복한 시대다. 당시에는 불치병도 많았다. 결핵도 불치병이었다. 그때는 결핵으로 죽은 사람이 많아서 그 가족들이 슬퍼하는 모습을 흔히 볼 수 있었다. 지금은 정말 살기 편한 시대다. 덕분에 나는 100세까지 장수를 하고 있지 않은가.

　나는 정말 행복한 인생을 보냈다고 생각한다.

100세까지 현역이라니
얼마나 고마운 일인가

100살이다 왜!

처음 샐러리맨이 된 나이, 49세

100세가 되어서도 아직 회사에 다닌다고 하면

사람들은 일단 이런 질문들부터 던진다.

"회사를 경영하십니까?"

"대기업 관리직에 계십니까?"

"일에 도움이 되는 독자적인 인맥을 가지고 계십니까?"

사람들이 짐작하는 것처럼

나는 그런 대단한 자리에 앉아 있는 것도 아니고,

특별한 인맥이 있는 것도 아니다.

현재 내가 근무하는 직장은 작은 회사이고
예전부터 인연이 닿아 지금까지 이어지고 있을 뿐이다.

대학 졸업 후
대학 조교, 군인, 모피사업 등
다양한 일들을 경험했고 긴 세월이 나를 지나갔다.
처음으로 회사에 다니기 시작한 것은 49세.

샐러리맨이 되기에는 꽤 늦은 나이였다.

대학을 나왔지만
취업에 실패했다

대학을 나왔을 때 샐러리맨이 되겠다는 생각을 했지만 취업에 실패했다.

나는 1936년 2·26사건이 발생한 해에 게이오 기주쿠 대학 경제학부를 졸업했다. 은행 채용 시험에 응시했지만 낙방했다. 심각한 불황 때문에 대학 졸업자들의 취업이 어려워져 사회문제가 되던 시기였다.

요즘으로 치면 '대졸자 취업 수난 시대'였던 셈이다.

대학 시절 나의 성적은 같은 과 학생들 중 가장 좋았다. 그래서 아버지까지 나서서 담당 교수와 상의를 했고 마침내 나는 게이오 기주쿠 대학 경제학부의 조교가 되었다. 이때 나와 함께 조교가 된 사람이 모치즈키 다마조다. 조교가 되고 얼마 지나지 않아 나는 미국으로 유학 가고 싶다는 열망으로 부풀어 올랐다. 경제학 연구를 열심히 해서 성적이 좋으면 대학에서 유학을 보내 주는 기회가 있었기 때문이다. 그러나 어렵게 조교가 되었지만 유감스럽게도 그 일을 오랫동안 지속할 수는 없었다.

전쟁에 참전하게 되었기 때문이다.

9년의 군대 생활을 끝내고 전쟁에서 돌아왔다. 그 사이 대학에서 공부하는 학생들의 경제학 지식이 나보다 월등했다. 충격이었다. 나는 더 이상 조교 생활을 할 수 없음을 인정해야 했다. 아무리 전쟁 때문이라지만 경제학 연구자로서 9년의 공백은 너무 컸다. 조교가 된 지 1년도 지나지 않아 군대에 입대했으니 연구 실적도 없었다. 연구 실적도 없이 33세가 된 나로선 도저히 젊은 사람들을 따라잡을 자신이 없었다. 더 이상 대학에 머물 명목이 없었다.

학생들에게 아무것도 가르쳐 줄 수 없다니….

나는 탄식했다.

게이오 기주쿠 대학 시절의 후쿠타로 씨

아버지의 사업을
도왔던 시절

더 이상 대학에 머물 수가 없게 된 나는 당시 아버지가 성공적으로 이끌던 모피사업에 뛰어들었다.

아버지의 사업 파트너로 일하던 분이 도움을 주었다. 그렇게 시작한 모피사업은 그럭저럭 잘 유지되었다. 나는 사업을 좋아하는 편은 아니었지만 살아남기 위해 나름대로 최선을 다했다. 보자기에 모피 제품을 담아 짊어지고 이곳저곳으로 장사를 다니기도 했다.

내가 모피사업을 시작했을 무렵 고객의 대부분은 미군이었다.

그런데 1959년 아키히토(明仁) 황태자의 결혼식에서 황태자비가 걸치고 있던 밍크 스톨이 일본인들 사이에서 큰 붐을 일으키면서 엄청난 인기를 얻었다. 그때부터 모피가 부유층이나 해외 주재원 뿐 아니라 일반인들에게도 친숙한 의상이 되었다.

그러던 어느 날 조교 시절부터 친구로 지내던 모치즈키가 "(회사를) 도와 달라"며 자신의 회사 입사를 권유했다. 그는 당시 증권회사를 창업하여 고군분투하고 있었다. 1961년의 일이었고 나는 이미 49세의 나이였다.

원래 모피사업은 대학에 남지 못한 내가 호구지책으로 선택한 일이었다. 내가 원해서 선택한 것이 아니었다. 그리고 솔직히 친구 모치즈키한테 권유를 받았을 때 기분이 나쁘지 않았다. 당시 모치즈키는 요즘으로 치면 벤처기업의 오너라고 할 수 있었다. 나는 모치즈키를 돕기 위해 모피사업을 접고 그의 회사에 들어가기로 결정했다.

샐러리맨이 된 것이다.

타고난 리더를
알아보는 안목

　처음에는 소규모였던 모치즈키의 증권회사는 합병을 거듭하면서 점차 몸집이 불어났다. 시대의 흐름을 잘 탄 것이다. 나는 모치즈키를 도와 정신없이 일했다. 친구이면서 모치즈키 증권의 사장인 모치즈키 다마조는 매우 유복한 가정에서 자랐다. 아버지인 모치즈키 군지로는 쇼와 시대(1926~1989년의 일본 연호, 역자 주) 초기에 가부토쵸(일본 증권가, 역자 주)에서 모르는 사람이 없을 만큼 전설의 투자가였다.

　모치즈키 다마조는 전설적인 투자가의 아들답게 돈을 유용하게 쓸 줄 알았다. 평소에는 절대 사치스럽지 않고 오히려 검소하게 생활했지만, 비즈니스에 도움이 되겠다 싶을 때는 과감하게 돈을 쓸 줄 알았다. 그와 보낸 시간은 참 즐거웠다. 그러나 우리는 절대 쓸데없이 낭비하는 법이 없었다.

모치즈키는 상당한 노력가인데다 예리하고 재능도 많은 타고난 사업가였다. 나와는 전혀 다른 인물이었다. 나는 너무 솔직해서 사업가로서 수완이 없었다. 또 너무 순진해서 의도를 가지고 접근하는 사람의 말도 믿어 버렸다. 내가 만일 사장이었다면 회사가 수시로 곤란에 처했을 것이다.

하지만 그것이 다행이었는지도 모른다. 나는 경영자로서 모치즈키의 능력을 정말 높이 평가한다. 그와 비교하면 경영자로서 나의 능력은 형편없었다. 그랬기에 나는 그저 최선을 다해 그를 도울 뿐이었다.

그와 나 사이에는 비슷한 점도 있었다. 우리는 둘 다 금전적인 부분에서 단돈 한 푼도 명확하게 처리해야 직성이 풀리는 성격이었다. 회사 차원이 아닌 개인 차원에서 함께 여행을 떠나면 1엔 단위까지 철저하게 계산해서 갹출하여 비용을 충당했다.

나는 모피사업을 할 때도 영업은 남동생에게 맡기고 매상이나 재고 등의 관리를 담당했다. 세밀한 회계에 능했기 때문이다. 무엇보다 군대에 있을 때 육군경리학교를 통해 철저하게 교육을 받은 영향도 컸다. 그래서 금전적인 계산은 매우 엄밀했고 서류도 빠짐없이 작성했다.

모치즈키는 그런 나를 매우 믿음직스럽게 생각했고 늘 감사하게 여겼다.

기억에 남는 추억

나는 전쟁터에서 돌아와 모피사업을 하던 중 49세의 나이에 갑자기 모치즈키 증권에 입사했다. 그런 까닭에 주식에 대해서는 전혀 몰랐다. 대학에서 조교로 일했으니 경제학에 관한 지식은 어느 정도 갖추고 있었으나 주식에 대해선 전혀 몰랐다. 하지만 나를 믿고 파트너로 요청해 준 모치즈키에게 조금이라도 도움이 되기 위해 주식과 경제 분야를 틈틈이 공부했다. 그러던 중 이사라는 직함을 얻게 되었고, 경제신문에 경제 분석과 관련된 기사를 쓰기도 했다.

사회적으로는 증권과 경제 전문가로서 활약했지만 사람을 가르치고 양성하는 능력은 내겐 없었던 듯하다. 모치즈키 증권은 신생 증권사라 입사를 지원하는 사람들이 많지 않았다. 간혹 입사한 신 입사원에게 공모증자설명회에 다녀오라 하면 설명회 내용을 잘 메모해서 그것을 문장으로 정리할 줄 아는 신입사원이 드물었다. 그래서 사원이 들어오면 내가 주식에 관해서 처음부터 가르쳐 주곤했다. 교육 담당자 역할도 했던 것이다.

그런데 아무리 열심히 가르쳐 줘도 문장을 제대로 작성하지 못하는 사람이 간혹 있었다. 잘하고 못하는 것이 다 다르니 어쩔 수 없는 일이지만 나는 보다 못해 결국 내 손으로 직접 처리할 때가 많았다. 그런 점에서 나는 누군가를 가르치고 양성하는 일에는 능력이 부족하다는 생각이 든다. 다만 내게는 부하 직원이 없었기 때문에 내게 나쁜 기억을 가진 사람도 없다. 다른 사람에게 피해를 끼치거나 다른 사람으로부터 미움을 사는 일을 한 적이 별로 없는 것 같다.

나는 정말 철저하게 모치즈키를 지원하는 역할에만 충실했는데 모치즈키 증권에서 가장 인상에 남는 일 중 하나가 합병 교섭을 할 때였다. 샐러리맨으로서 이렇게 중요한 일에 관여할 수 있었다는 데에 지금도 보람을 느낀다.

모치즈키 증권과 어떤 증권회사가 합병했을 때의 일이다. 실질적으로는 모치즈키 증권이 상대 회사를 구제해 주는 형식의 합병이었는데, 상대 회사의 임원들이 지나치게 거만한 태도를 보였다. 보다 못해 나는 모치즈키 증권에 너무 실례하는 게 아니냐고 그들의 태도를 지적했다.

그러자 상대 회사 임원들이 화가 나서 합병 후 나를 절대로 상무에 앉히지 말 것을 요구했다. 이 일로 나는 이사 이상의 진급을 할 수 없었다. 동료들은 아무리 그래도 언젠가는 내가 상무가 될 것이라고 입을 모았지만 끝내 그 일은 이뤄지지 않았다. 하지만 100세가 된 지금도 한 회사를 대표해 합병 테이블에 들어가 자신의 신념을 관철시켰다는 점에서 당시 내가 한 일이 자랑스럽다.

내게 앙심을 품었던 상대 회사의 임원들도 합병 후에는 함께 일하면서 나에 대한 오해를 풀었다. 모치즈키 증권은 이후에도 다른

증권회사들과 합병을 거듭했는데, 이때 그들도 나와 함께 합병 교
섭에 참여했다.

처음엔 앙숙처럼 지냈을지라도 결국 서로의 입장을 이해하게 되
었고, 마침내 친밀한 관계로 발전했으니 이 또한 고마운 일이다.

70세, 새로운 일자리를 찾아

모치즈키 증권은 그 후에도 합병을 거듭했다. 회사 이름은 모치즈키 증권, 가쿠마루 증권, 니폰간교가쿠마루 증권, 간카쿠 증권, 미즈호 인베스터스 증권으로 바뀌어 지금은 미즈호 증권에 흡수 합병되었다. 내가 그만두었을 무렵에 모치즈키 증권은 간카쿠 증권이라는 사명을 사용하고 있었다.

모치즈키 증권에서 마지막 2년 동안은 감사 역할을 담당했다. 이후 1980년 68세에 모치즈키 증권의 자회사로 자리를 옮겼다. 주식 등을 담보로 투자가에게 주식매매 대금을 빌려 주는 법인금융

회사였다. 이곳에서 2년 정도 일하다 그만두었다. 정년을 맞은 모회사의 간부들이 한 번씩 거쳐 가는 곳이어서 오래 자리를 지키고 있을 수 없었기 때문이다.

하지만 나는 계속 일하고 싶었다. 모치즈키 증권의 자회사를 그만둔 뒤 70세에 모치즈키에게 내가 일할 수 있는 자리를 알아봐 달라고 부탁했다. 모회사든 자회사든 다시 복귀하면 이런저런 복잡한 문제에 얽히기 때문에 가능하면 사람이 적은 회사에 가고 싶다고 했다. 그래서 모치즈키가 알선해 준 곳이 지금의 직장인 도쿄복권상회다.

일반적으로 정년 후 자회사로 자리를 옮겨 일할 수 있으려면 모회사에서 제법 지위가 있어야 한다. 하지만 나는 앞에서도 말했듯이 대단한 사람이 아니었다. 간카쿠 증권에서 나는 정년까지 줄곧 평범한 이사로 일했을 뿐이다. 그렇게 생각하면 내가 지금까지 일할 수 있는 것은 친구 모치즈키 덕분이다. 그리고 모치즈키가 세상을 떠난 후에도 나를 받아들여 준 회사 동료들 덕분이다.

나는 49세가 되던 1960년부터 사장이면서 친구인 모치즈키의 권유로 증권회사의 샐러리맨으로 일했고, 지금은 모치즈키의 부인인 세스코 씨가 "계속 남아서 일해 달라"고 해서 복권과 관련된 일을 하고 있다. 그런 점에서 모치즈키를 만난 것이 지금의 나를 있게 한 셈이다.

70세에 새로운 일을 찾으면서 나는 무슨 일이건 상관없다고 생각했다. 일을 계속 하고 싶었고 이왕이면 조용하고 작은 직장에서 땀을 흘리고 싶었다. 일하는 것 자체가 중요했기에 업무 내용은 아무래도 상관없었다.

그런 마음으로 시작했는데 100세까지 일을 할 수 있다니, 정말 감사한 일이다.

과거의 경력은 중요하지 않다

직원 세 명의 작은 회사

내가 근무하는 도쿄복권상회.
위탁 받아 복권을 판매하는 회사다.
거리에서 복권을 판매하는
부스들을 운영하는 작은 회사다.

최근 내가 하는 일은 주로 회사에 무슨 문제가 발생하면 상담을
하거나 경리 파트를 돕는 일이다. 10년 전만 해도 수작업으로 복권
을 분류하는 일을 했다. 그보다 전에는 젊은 사원이 없었기 때문에
2만 장이나 되는 복권을 트렁크에 담아서 직접 니혼바시 미쓰코시

근처에 있는 판매점까지 걸어서 운반하기도 했다.

　복권을 분류한다 함은 도쿄복권상회로 들어온 복권을 판매점에서 판매하기 쉽도록 정리하는 작업을 말한다. 10장씩 한 세트로 정리한 다음 그것을 다시 10세트씩 정리하는 것이다. 복권은 연번으로 판매하는 경우와 낱장으로 판매하는 경우가 있는데 낱장으로 판매하는 경우 조 번호나 아래 두 자리, 위의 두 자리가 연번으로

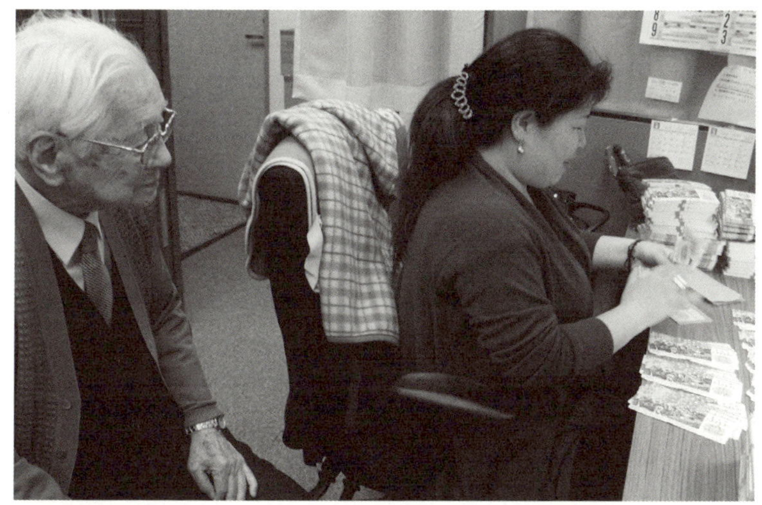

도쿄복권상회에서 복권을 분류하고 있는 모습

이어지지 않도록 분류해야 한다.

90세까지는 몸을 움직여서 하는 노동이나 수작업이

젊은 사람과 비교해서 절대 뒤지지 않았다.

걸음도 그 무렵까지는 사원들 중에서 내가 가장 빨랐다.

30년간 세상은 요동쳤지만
나는 고요했다

1982년에 지금의 직장인 도쿄복권상회에 들어왔으니 벌써 30여 년이 흘렀다.

그 사이 나는 100세가 되었다.

지난 30년 동안 세상은 정말 많이 변했다. 버블 경제 시대에 이어 1990년을 전후해 그 거품이 가라앉기 시작했다. 1990년엔 제2차 세계대전 후 분단됐던 독일이 통일을 했고, 내가 열 살 때 구성된 소비에트 연방이 1991년에 붕괴됐다. 1993년에는 1955년부

터 건재하던 자민당 정권이 처음으로 붕괴했다. 그리고 일본 경제
는 10년 이상 디플레이션이 지속되고 있다. 그동안 정말 많은 일
이 있었다.

그러나 나의 생활은 변한 것이 별로 없다.
나는 줄곧 도쿄복권상회의 고문으로 일했고 급료도 변함이
없다.

30년간 세상은 요동쳤지만 나는 고요했다.
고요 속에서 일상을 유지하며
100세의 나를 지켜보는 건 분명 특별한 일이다.

과거에 어떤 인물이었다는 건
중요하지 않다

도쿄복권상회에서 30년간 일을 하는 동안, 꽤 높은 자리에 있던 사람이 낙하산 인사로 들어온 적이 있다. 하지만 그 사람은 결국 얼마 지나지 않아 회사를 그만두었다. 과거에 높은 직책에 있었기 때문인지 젊은 사원들과 융화를 이루지 못한 탓이다.

도쿄복권상회는 작은 회사다. 나와 함께 일하는 두 명의 사원은 60세 전후의 남자와 40대 여자다. 40대 여자는 20대 꽃다운 때부터 이 회사에서 일했다. 60대 남자는 적은 나이가 아니지만 내 입장에서 보면 아직 청년(!)이다. 그리고 또 한 명이 있는데 그는 하

루 걸러 출근한다. 이렇듯 우리 회사는 규모는 작지만 오랜 세월
손발을 맞춘 직원들이 일을 한다. 작은 회사인 만큼 직원들끼리 동
료의식이 없으면 참 힘들다. 여러 문제가 발생할 수밖에 없다.

현역 시절에 잘나가던 인물이었건, 보잘것없었건

과거의 지위는 아무런 상관이 없다.

중요한 것은 현재 일하는 회사 동료들과

함께 즐겁게 일하면서 다른 사람들에게 도움이 되는

역할을 할 수 있는가이다.

위대했건 보잘것없었건 그건 전혀 문제가 되지 않는다.

위대한 사람이 하는 일과 위대하지 못한

사람이 하는 일이 따로 있지 않다.

자신의 삶을 긍정하고 운명에 순응하면서,

다른 사람에게 도움이 될 수 있는 일을 스스로

생각해 내고 최선을 다해 노력하는 것이 중요할 뿐이다.

현역 시절에 한창 잘나가던 인물이었건,
보잘것없는 인물이었건 과거의 지위는 아무런 상관이 없다.
위대한 사람이 하는 일과 위대하지 못한
사람이 하는 일이 따로 있지 않다.

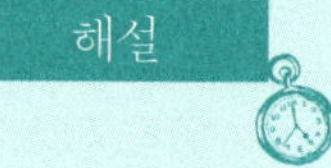

후쿠타로 씨가 살아온 격동의 100년

후쿠이 후쿠타로 씨는 1912년 5월생이다. 당시는 도요타 자동차도 없었고 마쓰시타 전기산업이나 소니도 존재하지 않았다. 히타치제작소나 샤프가 창업을 한 지 얼마 지나지 않은 때였다. 2012년에 리뉴얼 오픈한 도쿄역의 이전 건물조차 아직 없던 시절이었다.

후쿠타로 씨가 태어나서 지금까지 살아오는 동안 두 차례의 세계전쟁이 있었고, 자동차산업과 전기산업이 탄생했으며, 소련이라는 국가가 성립되었다가 붕괴되었다. 일본은 고도성장을 거듭해 한때 '뜨는 해'로서 각광을 받았고, 버블 경제로 인해 위기를 맞아 안정기와 정체기의 상태에 있다. 지난 100년 동안 세계와 일본의 변화를 돌아보면 100년의 무게가 저절로 느껴진다.

샐러리맨의 양상도 변했다. 후쿠타로 씨가 태어났을 때는 요즘처럼 기한이 정해지지 않은 장기고용(종신고용)의 구조가 정착되지 않았다. 직장인이라도 결코 마음을 놓을 수 없었다.

후쿠타로 씨가 두 살 때인 1914년에 제1차 세계대전이 발생했다. 세계 각국이나 일본이나 지금과는 상당히 거리가 먼 모습이었다. 가족관이나 세계관도 사뭇 달랐던 때다. 일본은 아직 선진국에 끼지도 못했다.

일본은 제1차 세계대전에서 직접적인 영향을 받지 않았으나 세계 정세는 급격하게 달라졌다. 이때 유럽의 제국들이 붕괴되기 시작했다. 제2차 대전을 통해서는 미국이 급부상했다. 일본은 중화학 공업을 중심으로 경제가 급격하게 상승곡선을 타기 시작했고 군수 경기가 들끓었다. 그러나 서민들 사이에서는 빈부의 차가 커졌다.

후쿠타로 씨가 어렸을 때 일본은 경제가 불안했고 심각한 불황이 장기간 이어지면서 미래가 불투명한 사회였다. 날마다 군화 소리가 귓속을 파고드는 시대였다. 그런 까닭에 후쿠타로 씨는 어린 시절 밝고 평화로운 미래를 꿈꾸기 어려웠을 것이다.

1923년, 열한 살 때 그는 간토 대지진을 경험했다. 그의 집은 무사했지만 수많은 지역에서 불길이 피어오르는 모습을 넋을 잃고 보았을 것이다. 1927년, 그가 열다섯 살이 되었을 때는 금융공황, 1929년, 열일곱 살 때는 세계 대공황이 발생했다.

세계 대공황이 발생한 그 해에는 대학 졸업자의 취업난을 코믹하게 그린 오즈 야스지로(小津安二郎) 감독의 무성영화 〈대학은 졸업했지만〉이 큰 히트를 쳤다. 이렇듯 후쿠타로 씨의 10대는 천재와 인재가 일본을 엄습한 불확실한 시대였다.

100세가 되어서도 현역 샐러리맨으로 일하고 있는 그가 샐러리맨으로 데뷔한 것은 49세로 매우 늦은 시기다. 요즘의 샐러리맨이라면 경험을 쌓아 관리직으로, 또는 좀 더 높은 직함에 오르기를 원했을 것이다.

49세라면 대개 변화보다는 안정을 희구하는 나이이다. 그런데 후쿠타로 씨는 그 나이에 직장인이 되어 100세에 이른 지금까지 일하고 있다. 인생은 언제 어떤 기회를 만나게 될지 정말 알 수가 없다.

장수의 비결 따위는 없다

100살이다 왜!

100세를 기대하지 않았지만

나는 100세가 넘었다.

평균 수명보다 오래 살았으니 장수하고 있는 셈이다. 그러나 장
수의 비결은 나도 모른다. 나조차 내가 100세까지 살 수 있으리라
고는 생각해 본 적이 없다. 우연히 100세까지 살아서 일하고 있지
만, 그것은 내가 다른 사람들보다 특별해서가 아니라 하늘이 허락
해 주었을 뿐이다.

고맙게도 지금까지 심각한 질병에 걸린 적은 없다. 백내장 수술

을 받은 일이 내 인생에서 가장 큰 병에 해당한다. 어쩌면 큰 부상이나 질병 없이 평범하게 인생을 살아왔기 때문에 장수하는지도 모르겠다.

나도 이제는 때때로 체력에 자신이 없다.

2012년 겨울 독감에 걸려서 폐렴으로 진행된 적이 있다. 그로 인해 입원했을 때는 마음이 불안했으나 병원에서 친절하게 잘 보살펴 준 덕분에 무사히 회복할 수 있었다. 하지만 퇴원 후 컨디션이 나빠져서 다시 병원을 찾아야 했다. 가족들에게까지 "다시 입원해야겠다"고 전갈을 보냈는데 의사가 "특별한 이상이 없으니 입원할 필요는 없다"고 해서 다시 집으로 돌아왔다.

아직은 내가 생각하는 것 이상으로 건강한 듯하다.

사전을 펴고 신문 읽기

큰아들은 종종 "아버지는 정말 시곗바늘처럼 정확하세요" 하면서 머리를 흔든다. 정말이지 나는 아주 규칙적인 생활을 한다. 새벽 4시 30분에 일어나면 아사히신문을 읽는 것으로 하루를 시작한다.

신문을 읽노라면 모르는 영어 표기가 반드시 등장한다. 그러면 스펠링을 대충 추측해서 영어사전을 뒤적거린다. 최근에도 몇 가지 단어를 찾아보았다. 국어사전도 자주 뒤적거린다. 거의 매일, 영어사전과 국어사전을 뒤적이는 것 같다. 하지만 회사에 출근하는 순간 아침에 무슨 단어를 찾았는지 까맣게 잊어버리는 게 탈이다.

얼마 전 미국에서 일어난 허리케인의 피해를 보도하는 기사를 읽을 때였다. '퍼펙트 스톰'(Perfect Storm)이라는 단어가 나왔는데 정확하게 이해할 수 없었다. 퍼펙트라면 영어로 'perfect'로 '완전, 완벽'이라는 뜻이다. 그렇다면 '완벽한 태풍'이 되는데 의미상 '가장 강력한 태풍'으로 읽혔다. 하지만 뭔가 이상했다. 태풍이 완벽하다니 말이 안 되지 않은가. 그래서 혹시 '퍼펙트'라는 단어에 '완벽'이란 뜻 말고 다른 뜻이 있을까 싶어 영어사전을 찾았다.

하지만 사전을 찾아보아도 '가장 강력한'이라는 의미는 어디에도 없었다. 내가 가지고 있는 세 권의 영일사전 중에서 가장 큰 사전도 찾아보았지만 역시 그런 의미는 없었다. 그래서 영영사전을 뒤져 보았다. 퍼펙트에는 'radical'(강렬한)이나 'drastic'(극적인)이라는 의미도 있다고 씌어 있었다. 그제야 비로소 퍼펙트 스톰을 납득할 수 있었다.

이렇게 열심히 찾아서 조사했어도 그것을 나중까지 기억하기는 어렵다. 아주 특별하지 않는 한 기억에 남아 있지 않다. 하지만 설사 나중까지 기억하지 못하더라도 모르는 단어의 의미를 이해하는 일은 정말 즐겁다.

나는 예전부터 영어나 프랑스어로 씌어 있는 원서를 읽는 것을 좋아했다. 영어는 꽤 잘했다. 젊었을 때는 영어 원서를 꽤 읽었다. 하지만 회화는 여전히 자신이 없다. 어학의 기본이 듣고 말하는 것인데 회화를 할 줄 모르니 유감스러운 일이다.

굳이 변명한다면 과거에는 영어 선생님의 발음이 많이 틀렸다. 예를 들어, 일본어 발음의 레디(Lady)는 영어식으로 발음하면 '레이디'가 된다. 영국에 갔던 지인이 아무리 '레디'라고 해도 말이 통하지 않아 난처했다는 이야기도 들었다. 그래서 사전을 찾을 때면 발음 기호를 반드시 살펴보는데 일본인이 'I' 발음을 생략하는 경우가 많다는 것을 알게 되었다.

남들보다 더 오래 살았을 뿐이지 나는 아직 모르는 것이 많다. 나는 지금도 모르는 단어의 의미를 알거나 이해하게 될 때 행복하다.

민요 부르기와 즐겁게 먹기

나는 목소리가 너무 크다는 말을 자주 듣는다.

내 나이 42세 때 친구인 모치즈키와 함께 민요를 배우기 시작했는데 지금도 1년에 한 번은 무대에 선다. 그러고 보니 벌써 60년 가까이 되었다. 나는 민요를 배우면서 내 목소리가 크다는 소리를 자주 들었다. 하지만 목소리를 크게 내는 것이 건강에 도움이 될지 모르겠다. 나이가 100세이다 보니 귀가 약간 어둡긴 하지만 그래도 지금까지 사람들과 대화를 나눌 수 있는 것은 민요 덕분이라고 생각한다. 물론 장수할 생각으로 민요를 시작한 것은 아니다.

나는 무엇이건 가리지 않고 잘 먹는다. 집에서건 밖에서건 차려진 음식은 남기지 않고 깨끗하게 비운다. 어렸을 때부터 어머니한테 배운 습관이다. 어머니는 매우 엄격해서 식사를 마친 뒤 밥알 하나라도 그릇에 붙어 있으면 화를 내셨다.

점심은 회사 근처에서 파는 도시락을 사 먹거나 맥도날드에서 햄버거를 사서 가볍게 먹는다. 도시락의 양이 좀 많다 싶으면 먹기 전에 동료들에게 덜어 준다. 절대 남겨선 안 되기 때문이다. 요즘 사람들은 아무 생각 없이 음식물을 남기는데 그것이 안타까울 때가 있다.

점심을 시켜서 동료들과 함께 회사에서 점심을 먹을 때도 있다. 그럴 때는 내가 점심 값을 지불한다. 내가 아무래도 나이가 많다 보니 동료들에게 알게 모르게 신세를 많이 지기 때문에 그런 식으로라도 대접하고 싶은 것이다.

식사는 여러 사람과 함께 먹는 것이 훨씬 더 맛있고 즐겁다.

매일 8,000걸음

건강하게 지내기 위해서는 무엇보다 허리와 다리가 건강해야
한다.

그래서 나는 걷기 운동을 매일 한다. 휴대전화에 부착된 만보기
를 체크하면서 매일 7,000~8,000걸음을 걸으려 애쓴다. 요즘은
힘이 들어서 그렇게 하지 못하고 있지만 60~70대에는 회사에서
엘리베이터를 이용하지 않고 사무실을 오르내렸다.

어쩌면 내가 높은 지위에 오르지 않았기 때문에 허리와 다리가

건강한지도 모른다. 아무래도 간부급이 되면 일 분도 채 걸리지 않
는 거리도 자동차로 움직이게 되기 때문이다. 그건 바람직한 생활
이 아니다. 일찌감치 육체가 쇠약해져서 수명이 단축되는 일이다.
아무리 높은 지위에 올라도, 아무리 부자라도 인간은 가능하면 많
이 걸어야 한다.

　나는 원래 걸음이 빠른 편이다. 적어도 95세 전까지는 걸음이 젊
은 사람들보다 빨랐던 것으로 기억한다. 언제나 내가 앞장서서 걸
었다. 그러나 95세가 넘자 걸음이 느려지면서 내가 오히려 젊은이
들을 뒤쫓아가는 형국으로 변했다. 정말 유감이다.

　더 이상 빠른 걸음을 옮기지 못한다는 것은
그만큼 노화가 진행되었다는 의미겠지.

마음의 여유와 배려심

"장수의 비결이 무엇입니까?"

흔히 듣는 질문이다. 똑 부러지는 답은 없지만 무엇보다 매일 일하고 있다는 것이 장수의 비결이 아닐까 싶다. 회사에 나가면 동료들과 대화를 나누게 되는데 이것이 나의 건강을 유지하는 비결이 아닐까 한다. 아무것도 하지 않고 집 안에만 틀어박혀 있다면 내 경우 더 빨리 늙을 것 같다. 몇 해 전 독감에 걸려 병원에 입원했을 때 질병을 앓는 것도 고통스러웠지만 회사에 가지 못하는 것이 더 참기 힘들었다.

퇴원해서 회사에 다니기 시작하자 즉시 건강을 되찾았다.

일이 없는 주말에도 가능하면 외출을 하려 한다. 우선 근처 편의
점에 가서 스포츠 신문을 산다. 짧은 거리지만 산책 삼아 걷기에는
적당하다.

하지만 그 편의점까지 가는 도중에 두 차례 교통사고를 당했다.
방심한 건 아니고 단지 나이 먹으면서 시야가 좁아진 탓이다. 한번
은 파란 신호등을 따라 길을 건너는데 경자동차가 들이받았다. 그
런데 놀랍게도 자동차보다 내가 더 강했다. 자동차는 사이드미러
가 크게 파손되었지만 나는 골절상도 입지 않은 것이다. 몇 바늘
꿰매는 정도로 끝났다. 자동차 운전자는 크게 놀랐을 것이다.

시야가 좁아지면서 깨달은 것인데 시야가 좁아지면 위험한 상황
이 자주 연출된다. 최근에는 특히 스마트폰이나 휴대전화를 만지
작거리면서 빠른 걸음으로 걷는 사람과 부딪치는 경우가 자주 있
다. 요코하마역에서 반대쪽에서 걸어오는 젊은 사람과 부딪쳐 바
닥에 뒹군 적도 있다. 다행히 특별한 부상은 없었다. 나는 어쩌다

사고를 당해도 운이 좋아서 큰 부상은 입지 않는다.

　운은 좋았지만 역시 위험한 것은 사실이다. 젊은 사람들은 일이 바빠서 마음의 여유를 갖기 힘들어 보인다. 그럴수록 타인을 배려하는 마음이 인색해진다. 열심히 일하고 최선을 다하는 것도 좋지만 마음의 여유를 적절히 가질 필요가 있다. 여유란 현재의 삶을 위해서도 필요하지만 노후의 건강한 삶을 위해서도 반드시 필요하다.

　사람들이 여유를 가지고 서로를 배려하지 않는다면 장수도 어려워질 것이다.

지금도 좋아하는
하이디, 키다리 아저씨,
시스몽디

나는 신문의 연재소설, 잡지, 단행본을 자주 읽는다.

특히 신문의 연재소설은 재미있어서 매일 읽는다. 주말에는 스포츠 신문도 읽는다. 잡지는 〈주간 아사히〉나 게이오 기주쿠 대학의 〈미타평론〉을 자주 읽는다. 나는 아무래도 활자 세대라 신문이나 잡지가 좋다.

예전에 구입한 소설도 되풀이해서 읽고 있다. 특히 《키다리 아저씨》 같은 이야기가 좋다. 미국 소녀의 이야기인데 지금 읽어도 정말 재미있다.

그리고 《알프스 소녀 하이디》도 좋아한다. 최근 새로운 번역본이 나와서 즉시 구입해서 읽었다. 《대중문학전집》은 몇 번이나 되풀이해서 읽었다. 《집 없는 아이》나 《어린왕자》도 좋아한다.

연애소설은 읽지 않는다. 별로 흥미를 못 느끼기 때문이다. 좀 더 솔직히 말하면 그럴 능력이 없기 때문이다. 하지만 지금도 아름다운 여자를 보면 아름답다고 느끼긴 한다.

요즘은 19세기 초 프랑스의 경제학자 시스몽디의 《신경제학원리》를 영어판으로 읽고 있다. 이제 와서 왜 그런 책을 읽느냐는 사람도 있는데, 나는 대학 시절 시스몽디의 책을 구할 수 없어서 그의 책을 평론한 프랑스어로 된 원서를 불어사전을 찾아 가며 읽었다. 그런데 몇 년 전 시스몽디의 책을 영역한 책이 출간되어 손녀딸이 사다 주었다. 어렵기는 하지만 영어사전을 한 손에 들고 조금씩 즐기면서 읽고 있다.

시스몽디는 내게 커다란 영향을 미친 사람이다. 내 삶의 바탕을 이루는 이타성도 그에게서 배운 것이다. 하지만 80년 전에 어느 프랑스인 학자가 그의 경제론을 해설한 논문을 읽었을 뿐이어서 자세한 내용은 완전히 잊어버렸다. 이번에 영역본이 나와서 너무 기뻤다.

과거에는 시스몽디의 책을 손에 넣는 일은 꿈도 꾸지 못할 일이었다. 100년이라는 긴 세월을 살고 보니 힘들이지 않고도 꿈을 이루게 되어 너무 감사하다.

매일 사전을 뒤지는 왕성한 지적 호기심

후쿠타로 씨의 왕성한 지적 호기심은 100세가 되어서도 전혀 녹슬지 않는 것 같다. 미디어에 넘쳐 나는 새로운 외래어를 이해하기 위해 지금도 매일 사전을 살피며 지내니 말이다. 여전히 세상과 등지지 않은 사회인으로 살고 있는 것이다. 한편 그는 젊은 시절 경제학자를 꿈꾸던 학도답게 지금도 경제학을 확실히 이해하기 위해 노력한다.

요즘은 대학 시절 그에게 큰 영향을 끼친 경제학자 시스몽디의 《신경제학원리》의 영역본을 구해서 읽고 있다. 당시에는 일본어나 영어로 번역된 시스몽디의 저서를 구할 수가 없어서 프랑스어로 씌어진, 그것도 해설서를 구해 읽었을 뿐이다. 그것이 못내 아쉬웠는데 최근에 손녀가 영역본을 구해 준 것이다.

그는 건강하게 오래 살아남은 덕분에 예전 같으면 절대 불가능한 일을 할 수 있게 되었다고 기뻐한다. 도무지 100세 노인이라고 믿겨지지 않는 그의 왕성한 호기심과 열정 앞에서는 누구도 압도 당하지 않을 수 없다.

그는 동화책도 좋아한다. 특히 이미 애니메이션으로도 제작된 《하이디》, 《집 없는 아이》, 《키다리 아저씨》를 좋아한다. 번역서는 물론이고 원서를 찾아서 읽을 만큼 좋아한다. 젊은이들도 번역서로 만족하는 것과 비교하면 그 열정에 저절로 감탄이 나온다.

후쿠타로 씨는 타고난 건강 체질인 듯하다. 지금까지 젊은이 못지않은 힘과 건강을 자랑한다. 그러나 건강한 몸 못지않게 건강한 정신의 소유자다. 그는 의식적으로 몸을 움직일 뿐 아니라 지적 호기심으로 충만해 끊임없이 두뇌를 움직인다. 이것은 그가 언제나 즐겁고 활기차게 사는 비결이기도 하다. 그런 점에서 그의 건강은 단지 타고난 체질 때문만은 아닌 듯하다. 나는 이보다 더 이상적인 나이 듦도 없을 것이라 생각한다.

자본주의는
영원히 지속되지 않는다

100살이다 왜!

오래된 경제학에서 배운 것

지금 전 세계에서 주류를 이루고 있는 자본주의는 과연 언제까지 이어질까?

다음에 등장하는 제도는 어떤 것일까?

문득 궁금하다.

자본주의가 탄생한 것은 토지를 매개로 주종관계가 성립된 봉건주의 이후다. 그렇다면 자본주의 다음에 등장할 제도는 무엇일까? 영원히 지속되는 제도는 없다. 그러므로 분명히 자본주의를 대체하는 새로운 제도가 등장할 것이다. 자본주의 다음의 경제 양식은 무엇일까?

　이따금 자본주의에 대해 진지하게 생각해 보는 이유는 내가 대학 시절 경제학을 전공한 까닭일 것이다. 나는 1930년에 게이오기주쿠 대학 경제학부 예과에 입학했다. 수학에는 자신이 없었지만 나름대로 성적이 좋았던 영어 덕분에 시험 성적은 늘 1등이었다.

　그런데 내가 성적이 좋았던 것은 공부를 열심히 했다기보다 요령이 좋았기 때문이다. 또 다른 학생들이 공부하지 않았기 때문이기도 하다.

　나는 졸업 논문 주제로 '경제윤리학'을 택했다. 그 이유는 사실 기억나지 않는다. 벌써 80년이 지났으니 당연하기도 하다. 아마 지도교수였던 나가타 기요시 교수님이 나와 맞는 주제라고 생각해서 권했을 것이다.

　당시는 물론이고 지금도 내가 배운 경제학자의 이론을 알고 있는 사람은 거의 없다. 그는 바로 시스몽디다.

무명의 경제학자,
시스몽디와의 만남

시스몽디(Simond de Sismondi)는 스위스 사람으로서 나폴레옹 시대인 18세기 말부터 19세기 초에 프랑스에서 활약한 인물이다. 시스몽디는 역사에 이름을 낼 만큼 뚜렷한 업적을 남기진 않았지만 이후 많은 경제학자들에게 영향을 끼쳤다는 평가를 받고 있다.

내가 시스몽디를 만난 것은, 프랑스 학자인 알베르 아프탈리옹(Albert Aftalion)이 쓴 박사 논문을 통해서다. 그의 논문 주제는 시스몽디의 사상을 연구하는 것이었다. 당시 시스몽디의 책은 너무 비싸서 직접 구입할 수는 없었다. 대신 대학 도서관에 아프탈리옹이 프랑스어로 쓴 논문이 있어서 그것을 빌려 불어사전을 뒤적여 가며 읽은 기억이 있다.

논문의 내용은 정말 대단했다. 특히 '이타주의'의 기본이 되는 내용이 다양하게 소개되었다. 이 논문은 내게 커다란 영향을 끼쳐서 100세인 지금도 내 삶의 기초를 이루고 있다. 자세한 내용은 잊어버렸지만 여전히 그의 사상은 내 안에서 살아 숨 쉬고 있다.

시스몽디가 살던 시절의 유럽은 그야말로 파란만장했다. 1789년에 프랑스 혁명이 일어났고 1803년에는 나폴레옹 전쟁이 발발했다. 프랑스 혁명은 특권 계급의 지배 구조에 항의한 시민 혁명이었던 만큼 당시 사회를 지배하던 가치관에 커다란 변화를 가져왔다. 그때까지 지배당하는 게 당연하던 농민과 상인이 역사의 주역으로 급부상하며 기존의 가치관이 무참히 붕괴되기에 이르렀다.

프랑스 혁명에 의해 프랑스의 국내 정세가 어지러운 가운데, 프랑스의 숙적 영국에서는 산업혁명 이후 산업화가 진척되면서 이전보다 국력이 강력해졌다.

시스몽디는 처음에 경제가 눈부시게 성장하는 영국에 주목했다. 실제로 자본주의는 여기서부터 진화되고 있었다.

시스몽디는 1776년에 《국부론》을 쓴 경제학의 선조로 불리는 애덤 스미스의 사상에 깊이 감동했던 모양이다. 《국부론》을 프랑스어로 번역해서 프랑스인들에게 스미스 이론을 소개한 것을 보면 그렇다. 스미스가 주장한 '신의 보이지 않는 손'은 매우 유명한 말이다. 분업화와 시장 구조를 설명한 이 말은 경제에 도움이 된다는 이유에서 '이기심'을 인정하고 있다.

그러나 시스몽디는 곧 스미스의 이론에 의문을 품기 시작한다. 나폴레옹 전쟁 이후 영국이 노동자들을 곤경에 빠뜨리는 것처럼 보였기 때문이다.

시스몽디는 자본주의의 결점을 일찌감치 간파한 것이다.

고용주와 노동자의
연대는 불가능한가

당시 영국은 나폴레옹 전쟁이 프랑스의 패배로 끝나면서 평화
로운 경제로 이행하는 특별한 상황에 놓여 있었다. 자본가나 기업
은 전후 특수에 지나친 기대를 품고 제품을 대량으로 생산했다. 당
시 은행에서 돈을 빌리는 것은 어렵지 않았다. 그런 까닭에 원하면
얼마든지 제품을 만들 수 있었다. 이는 동시에 제품을 만들어 내지
않고는 배길 수 없었음을 의미하기도 했다.

그러나 불행히도 전후에 돈이 없는 서민은 대량으로 찍어 내는
영국의 제품을 다 소비할 수 없었다. 그 결과 영국에서 공황이 발
생했다. 영국발 공황은 유럽 전역으로 퍼져 나가 수많은 사람들을

생활고에 빠뜨렸다.

당시 프랑스에 살고 있던 스위스인 시스몽디는 영국의 과잉 공급이 결국 유럽 노동자나 영세업자를 곤경에 빠뜨렸음을 간파했다.

"영국은 모든 노동자의 임금을 그들이 생존할 수 있는 최소한의 금액으로 깎아내리는 것이 경제적이라고 보았다. 영국은 물질을 위해 인간을 잊고, 수단을 위해 목적을 희생한 것이 아닐까?"

시스몽디는 이때부터 자본주의가 가져오는 폐해에 관심을 가졌다. 그리고 1819년에 《신경제학원리》라는 책을 집필함으로써 본격적으로 자본주의를 비판하기 시작했다. 시스몽디는 '고용주'와 '노동자'가 구별되어서는 안 되며 오히려 '상호연대'해야 한다고 주장했다. 고용주는 일해 줄 사람이 필요하고, 노동자는 임금을 지불해 줄 고용주가 필요하기 때문에 서로가 서로에게 소중한 존재라는 것이다. 일을 하는 쪽도 안정된 신분을 요구할 권리가 있다.

애덤 스미스는 이기성을 인정했으나 시스몽디는 '상호연대'를 주장하며 스미스를 비판했다. 나는 시스몽디의 이 '상호연대'를 '고용주든 노동자든, 상대방을 생각하는 태도가 중요하다'는 것으로 읽었다. 다시 말해 '서로 이타적인 자세로 일해야 한다'는 뜻으로 받아들였다.

시스몽디는 자본가의 역할을 부정하지도 않았고 노동자의 노동을 통해 기업이 성장하는 것을 부정하지도 않았다. 그런 점에서 시스몽디의 사상은 그보다 후대에 활동한 사람들이 생각한 사회주의나 공산주의와는 다르다. 그는 자본주의를 부정하지는 않았지만 "개인의 이익만을 추구하는 것은 인류의 이익을 희생시키는 것이다"라고 경고했다.

나는 그의 말에 전적으로 동의한다. 인간은 심지어 다른 생물이나 자연을 희생시키면서까지 자신의 이익과 욕구를 추구한다. 그로 인해 인간이 더 이상 지구에서 살 수 없는 지경에 이르지 않을까 심히 걱정된다.

시스몽디의 말처럼 개인의 이익만 추구하면 인류의 이익을 희생시키듯이, 인류가 인간의 이익만 추구하면 전 지구의 이익을 희생시키게 된다.

경제, 수학이 아닌 인문학

　내가 시스몽디의 경제학을 공부하고 있을 무렵, 일본은 지금과 비교하면 노동자를 보호해 주는 제도가 거의 없었다. 도시에서는 샐러리맨들이 많았지만 전국적으로 봤을 때 좋은 회사에 들어가기는 정말 힘들었다. 지금처럼 노동조합이 있었던 것도 아니고 법적으로 노동자의 권익을 보장해 주는 제도도 전혀 없었기 때문에 회사에서 마음만 먹으면 언제든지 노동자를 해고할 수 있었다. 노동쟁의는 생각도 할 수 없는 시대여서 많은 사람들이 하루아침에 실업자가 되곤 했다.

인간은 원래 보잘것없는 존재인지도 모른다. 자기 혼자 위대한 사람이 되겠다고, 자기 혼자만 많은 이익을 얻겠다고, 노동자들을 장시간 일하게 하고 가난에 빠뜨린다. 나는 그런 일본을 지켜보면서 시스몽디의 경제학에 관심을 갖게 되었다.

나는 시스몽디나 아프탈리옹의 주장을 '기업의 이익과 성장을 우선시하고, 일자리나 임금을 가장 먼저 희생시키는 것은 바람직하지 않다'라는 의미로 이해했다. 경제 활동에서 윤리적인 요소가 매우 중요하다는 것이 두 사람의 공통점이라고 본 것이다.

시스몽디는 하나의 거대한 자본이 지배하는 구조가 아니라 자립한 작은 조직들이 여기저기 분산되어 연대하면서 제품을 생산하는 구조가 바람직하다고 생각했다. 그리고 고용주가 노동자를 쉽게 해고하거나 임금을 줄이지 못하도록 규제하는 장치를 만들어 적용하는 것이 정부의 역할이라고 생각했다.

시스몽디는 어떻게 해야 가난한 노동자들을 행복하게 만들 수 있는지에 관심이 많았던 경제학자였다.

나는 시스몽디의 경제학을 공부한 뒤 논문을 써서 교수님에게

제출했다. 나가타 교수는 나의 졸업 논문을 줄곧 보관했다고 하지만 유감스럽게도 지금 내게 그 자료는 남아 있지 않다. 그래서 내가 정확히 어떤 내용을 썼는지 잘 모른다. 그러나 나는 지금까지 모든 사람의 행복을 중시하는 시스몽디의 경제학을 내 인생의 지표로 삼아 왔다.

노동자야말로 사회를 짊어지고 있는 한 축이다. 자본가가 일방적으로 자신의 이익만을 추구하는 것은 잘못이다.

나는 전쟁 전에 세상에서 완전히 잊혀진 낡지만 특별한 경제학을 공부했다. 그래서인지 요즘의 경제학이 어렵게 느껴진다. 숫자나 데이터에 바탕을 둔 통계 분석이 주류를 이루고 있어 경제학이 '인문학'이라기보다 '과학'에 더 가깝게 느껴진다. 실제로 경제학자들은 수학을 잘한다. 그러나 사람과 마찬가지로 경제도 생물이다. 사람의 심리나 꿈, 생물로서의 본능을 무시한 수식 이론은 어쩐지 낯설고 어딘지 부족하게 느껴진다.

지금이야말로 시스몽디의 경제학이 필요한 때가 아닐까 한다.

후쿠이 후쿠타로식 '경제학'이란?

만약 전쟁이 없었다면, 군대에 입대하지 않았다면, 후쿠타로 씨는 경제학자로서 20세기에 큰 활약을 했을지도 모른다. 후쿠타로 씨가 학창 시절에 졸업 논문을 쓰기 위해 프랑스어로 배운, 그 자신의 인생에도 큰 영향을 끼친 인물이 바로 역사학자이자 경제학자인 시스몽디(1773~1842)다.

시스몽디는 원래 역사학자였지만 불로소득으로 살아가는 귀족이나 성직자 등의 특권 계층이 아니라 '실제로 노동에 종사하는 산업 노동자야말로 사회를 담당하는 중요한 사람'이라고 주장한 생시몽(Louis de Saint-Simon)과 교류하면서 경제학에 흥미를 갖게 되었다. 그러다 영국 산업혁명 초기인 1776년에 애덤 스미스가 《국부론》에서 제시한 분업과 노동가치설에 바탕을 둔 자유방임주의에 흥미를 느껴 '국부론'의 개념을 프랑스어로 써서 소개했다. 그러나 19세기 초 영국에서 '전후 특수'를 노린 지나친 투기와 과잉 생산이 원인이 되어 발생한 공황을 목격하면서 '시장주의'에 반기를 들기 시작한다.

시스몽디는 자유방임으로 모든 것을 시장에 맡기는 것이 아니라 정부가 경쟁을 규제해야 할 필요성이나 생산과 소비의 균형을 맞춰야 하는 중요성을 강하게 호소했다. 그의 이런 주장은 한때 나폴레옹에게 주목을 받아 그의 초대를 받아 환담을 나누기도 했다. 시스몽디의 이런 주장은 경제에서 정부의 역할이 중요하다는 문제의식에서 출발하고 있다.

이밖에도 성장론, 제도론 등 다양한 경제학 이론을 제시했으나 원래 역사학자였던 시스몽디는 당시의 경제학 전반에 정통하지 않은 까닭에 '경제학의 이단자'로 불렸다. 케네(François Quesnay), 맬서스(Thomas Robert Malthus), 리카도(David Ricardo) 등이 경제학자로서 후대에 이름을 남긴 반면, 시스몽디는 지금까지도 경제학자로 소개되는 경우는 거의 없다. 하지만 영어권이나 프랑스어권에서는 최초로 자본주의에 이의를 제기한 지식인, 후에 경제학자들의 이론에 폭넓은 영향을 끼친 '개척자'라는 평가를 받기도 한다.

한편, 시스몽디가 살던 시절의 일본은 쇄국 정책을 펴던 에도 시대였다. 가세이 문화[化政文化: 에도 시대 후기의 분카(文化)(1804~1818)와 분세이(文政)(1818~1830)에 꽃피운 문화. '분카'와 '분세이'에서 한 글자씩 따서 합성한 이름, 역자 주]라는 초닌 문화(町人文化, 에도 시대에 도시에 살던 상공업자를 중심으로 꽃피운 문화, 역자 주)가 발전한 시기다. 유명한 인물로는 고바야시 잇사(小林一茶), 마쓰다이라 사다노부(松平定信), 이노 다다타카(伊能忠敬) 등이 있다. 어쨌든 일본은 당시에 쇄국 정책을 펴던 상황이라 이런 서양의 이론은 전혀 알지 못했다.

후쿠타로 씨는 노동자들이 너무나 쉽게 해고당하는 현실을 목격하면서 기업가가 이익만 추구해서 노동자를 곤란에 빠뜨려선 안 되며 일하는 노동자야말로 이 사회를 짊어진 주역이라는 시스몽디의 가치관을 체험적으로 배웠다. 그는 또 18세기부터 21세기까지 반복된 버블과 대공황을 경험하면서 자본주의는 단순히 역사에서 나타나는 하나의 제도 양식이라고 보았다.

"하루 3시간만 일하는 시대! 생계를 위한 노동이 사라진다."

20세기 주류 경제학자 케인스(John Keynes)가 100년 후 자본주의의 미래를 예측하면서 한 말이다. 그는 기술의 발달, 축적된 자본과 높아진 생산력으로 100년 후인 2030년에 이르면 인간의 경제적 능력이 8배까지 상승할 것이라 보았다. 그렇게 되면 생계를 위한 노동이 사라지고, 사람들은 일자리를 나누며, 유쾌하고 지혜롭고 풍족한 삶을 누리는 것이 관심사가 될 것이라며 자본주의의 큰 그림을 그려 나갔다.

2030년을 목전에 둔 오늘날 그의 예측은 틀린 것처럼 보인다. 하지만 기존의 관점을 바꿔 대공황의 한복판에서 100년 후 자본주의의 장밋빛 미래를 낙관하였기에 위기를 돌파해낼 수 있었다. 공황이 일어나면 국가는 돈을 풀어 수요를 늘리는 처방을 내렸고 이는 뉴딜 정책으로 구현되거나 복지국가의 비전을 제시하며 자본주의의 황금기를 일궈 냈다. 그러나 우리는 지금 1929년 대공황보다 더 높은 벽 앞에 서 있다. 2008년에 일어난 리먼브라더스 사태는 또 한 번 세계를 뒤흔들어 놓았다. 안 그래도 자본주의가 비판을 받는 상황에서 어떻게 해야 소외되는 사람 없이 모든 사람이 성장의 열매를 나누어 가질 것인가는 전 세계의 고민이 아닐 수 없다.

미국 하버드 대학의 저명한 경제학자 마이클 포터 교수는 "가난한 사람들의 생활수준을 해결하면서 채산성을 취하는 비즈니스를 전개해야 한다"고 호소하고 있다.

1985년 34세의 나이로 《경쟁우위(Competitive Advantage)》를 써

서 경영학에서 전략 분야의 대가로 군림해 온 마이클 포터 교수조차 "경제 성장률을 높인다고 행복해지지 않는다", "경제뿐 아니라 사회의 공정성, 교육받을 기회, 개인의 자유 등을 종합적으로 고려해 국가의 부를 측정해야 한다"고 주장한다.

이러한 문제를 해결하기 위한 '사회적 기업가'들이 늘어나고 있다. 사회적 기업은 기업의 이익을 추구하되 사회에 어떤 도움이 될 것인가를 중시한다. 이런 움직임은 사회주의와는 다르면서 자본주의와도 다른 소박하면서도 고전적인 '이타주의'에 바탕을 둔 것처럼 보인다.

시스몽디는 일찍이 대자본을 옹호하는 방도로서 활용된 자유방임을 비판하고 소자본을 옹호하기 위한 것으로서 국가 간섭을 인정했다. 또한 생산과잉과 과소소비가 맞물리는 자본주의의 불가피한 산물로 공황이 발생한다고 파악했다. 다시 말해 시스몽디는 과소소비가 자본주의를 위협할 것이며, 따라서 국가가 간섭해서라도 소자본주의를 유도해야 한다고 주장했다. 후대 사람들은 그의 이 같은 주장 때문에 그를 소자본 사회주의의 시조로 부른다.

경제를 도덕과학이라고 주장한 시스몽디와 후쿠이 씨의 만남은 우연이었을까? 필연이었을까? 후쿠이 씨가 살아온 세월을 따라가다 보면 이것은 후쿠이 씨의 소명이 아니었을까 하는 생각이 든다.

인간의 독선적인 측면을 적절하게 이용하면서 이타주의를 실현하는 것! 지금 인류가 해결해야 할 시급한 과제가 아닐까 한다. '후쿠이 후쿠타로식 이타주의'는 어쩌면 세계를 구원하는 열쇠가 될지도 모르겠다.

이제 죽음은
그다지 생각하지 않게 되었다

죽지 않는 것이
더 큰 공포가 아닐까

누구나 죽음을 두려워한다. 종교는 죽음에 대한 두려움 때문에 생겨났다. 종교인들은 흔히 사후 세계를 말한다. 하지만 나는 앞에서도 말했듯이 '우주교'를 믿기 때문에 사후 세계는 믿지 않는다. 인간은 죽으면 마음을 잃고 물질로 변하며 무가 된다고 생각하기 때문이다.

물론 100세가 되어서도 죽음은 여전히 두렵다. 하지만 죽음은 젊은 시절에 더 무서운 대상이다. 지금은 죽음에 대해 깊이 생각하지 않는다. 하루하루를 무사히 지낼 수 있다면 그것으로 충분하다고 생각한다. 죽지 않는 사람은 아무도 없으니까.

중국의 진시황제나 이집트의 클레오파트라처럼 불로장수를 동경하는 사람들이 있다. 하지만 나는 죽지 않는 것이 더 공포스럽다. 죽음도 두렵지만 죽지 않는 것은 더 무섭다. 그래서 나는 죽음에 대해선 아예 생각하지 않기로 했다.

내가 어렸을 때는 병원에서 죽는 사람이 거의 없었다. 대부분 자기 집에서 숨을 거뒀다. 질병 때문에 병원에 입원할 수 있는 사람

손녀 나오코, 큰아들 기쿠오 내외와 함께

은 상류층 중에서도 극히 일부만 그럴 수 있었다. 지금은 누구든지 아프면 병원에 입원해서 치료도 받고, 심각한 질병도 치료를 통해 생명을 연장시킨다. 그런데 나는 단순히 생명을 연장하는 의술은 병원을 유지시키기만 할 뿐이 아닌가 생각한다.

더 이상 회복할 전망이 없는 사람의 생명을 언제까지 연명하는 것이 옳은가? 나는 생명은 자연에 맡기는 것이 가장 바람직하지 않을까 한다. 몇 년을 더 연명할 수 있다면 모르지만 단지 몇 개월 더 연명하는 것이 무슨 의미가 있을까? 돈을 벌기 위한 병원의 수단으로밖에 보이지 않는다.

말은 이렇게 하지만, 나도 고혈압 때문에 병원 신세를 지고 있다.

과거의 서민들은 큰 병에 걸려도 입원하지 않았다. 아니, 의사에게 진찰을 받는 것조차 엄두도 못냈다. 그들도 병원 신세를 졌다면 수명이 길어졌을 것이다. 그런데 앞에서도 말했지만 인구가 지나치게 증가하고 있다. 이러다가 지구가 인간을 부양할 능력을 잃지 않을까 걱정스럽다. 그러면 인류는 파멸하게 될 것이다. 한편, 다음에 지구가 파멸될 때까지 지구를 지배하는 것은 어떤 생물일까.
공룡도 멸종되었다. 인간도 언젠가 멸종될 것이다.

그렇다면 틀림없이 지구를 다스리는 또 다른 생물이 등장할 것
이다.

이상적인 죽음

어찌되었건 나는 밖에서 길을 걷다가 쓰러져서 세상을 뜨고 싶지는 않다.

그러면 주변 사람들에게 피해를 끼치기 때문이다. 하지만 컨디션이 좋다고 생각했는데 갑자기 무너지는 일도 있다 보니 내 마음대로 그리 될지는 장담할 수 없다. 걷기 힘들다 하는 순간 비틀거리는 일이 가끔 있어서 이제는 내 몸을 내가 자신할 수가 없다. 확실히 젊을 때와 다르다.

지금까지 소중한 사람들이 나보다 먼저 세상을 떠났다. 태어난 지 얼마 안 된 두 아이와 부모님, 아내, 모치즈키, 그밖에 대학 시절의 동급생들…. 36년째 만남을 이어오던 예전의 전우들도 모두 세상을 떠났다.

남동생은 매일 아침부터 술을 마시더니 그것이 원인이 되었는지 먼저 세상을 떠났다. 할아버지가 알코올중독이었는데 그것이 유전되었는지도 모른다. 나는 술을 마시면 기분이 나빠질 뿐이어서 술을 가까이하지 않는다.

친구들이 하나 둘 세상을 뜨니까 과거에는 별로 친하지 않던 동료 두 명이 90대 이후에 생겼다. 그들도 나도 주변의 친구들이 하나 둘 사라지면서 자연스럽게 연락이 닿은 것이다. 그런데 전화를 걸면 귀가 어두워서 서로 대화를 나누기가 어렵다. 어쩌다 식사라도 같이 나누고 싶어서 전화하면 다리가 불편하다거나 혼자 외출하기 곤란하다거나 해서 좀처럼 만나기가 쉽지 않다. 그래도 어떻게든 1년에 몇 차례 셋이 만나 이야기꽃을 피우곤 했다.

하지만 작년에 그중 한 명이 세상을 떠났다. 부인과 함께 한 해외여행에서 보고 들은 것을 많이 들려주던 친구였다. 나는 해외여행을 별로 한 적이 없어서 그의 애기가 재미있었다. 가슴 아픈 일이다.

그는 가족들이 담소를 나누다가 왠지 조용한 느낌이 들어서 고개를 돌려 보니 조용히 숨을 거두었다고 한다. 정말 이상적인 죽음이다. 그래서 나는 유족에게 위로의 편지를 전하면서 "이상적인 죽음이었다"고 썼다.

나도 그런 식으로 죽고 싶다.

질병에 걸려 신음하다 고통 속에 죽어 가는 죽음은 피하고 싶다.

여전히 보고 싶은 사람 '아내'

아내는 나보다 먼저 세상을 떠났다. 하지만 사실은 내가 먼저 가야 했다.

부부가 아무리 사이가 좋아도 함께 죽을 수는 없다. 그렇다면 아내 쪽이 뒤에 남겨지는 것이 좋다. 아내가 먼저 세상을 뜨면 남자는 정말 고통스럽기 때문이다.

가만히 지켜보면, 여자와 남자는 정말 다르다. 아는 사람 중에 부부가 함께 민요를 배우는 사람이 있었는데, 남편이 먼저 세상을 떠나자 부인은 슬픔에 잠겨 있기는커녕 시간이 흐를수록 활발해졌다. 하지만 반대의 경우, 남자들은 시간이 흐를수록 기가 죽는다.

먼저 세상을 뜬 아내는 참 좋은 사람이었다. 참을성이 많았고 아이들을 훌륭하게 키워 냈다. 지금처럼 충분히 교육받을 수 있는 환경이었다면 아내는 틀림없이 나보다 공부를 더 잘했을 것이다. 머리가 좋았다. 우리 아이들이 모두 어엿한 성인으로 성장할 수 있었던 것은 모두 아내 덕분이다.

아내와 나는 군에 입대한 상황에서 결혼식을 올려서 서로 떨어져 지낸 시간이 많았다. 아내와 나는 거의 말다툼을 하지 않았다. 간혹 내가 집 안을 엉망으로 해놔서 아내의 심기를 상하게 하거나 기생들과 어울리다 밤늦게 돌아와서 몇 마디 충고를 듣기는 했다.

아내가 정말 보고 싶다.

가슴이 뛸 때까지 일한다

아내를 먼저 보내 놓고도 나는 100세까지 무사히 살아왔다.

이제 101세가 되는데 하루하루를 무사히 보낼 수만 있다면 그것
으로 충분하다고 생각한다. 몇 살까지 살고 싶다는 바람은 없지만
잠이 들어 꿈을 꾸면 '아, 아직 살아 있구나' 하는 감각이 느껴진다.
죽으면 꿈도 꿀 수 없을 테니까.

귀는 꽤 어두운 편이지만 세상에는 듣지 않는 쪽이 더 나은 소리
들도 있다. 그러니까 별 상관은 없다.

내가 100세의 나이에 건강한데다 일할 수 있다는 것이 정말 감사하다. 하지만 100세까지 살아서, 아직 일할 수 있어서 내가 대단하다고 생각하지는 않는다. 단지 시간의 흐름에 몸을 맡기고 본능에 따라 일했을 뿐이다. 이 본능이 여전히 내 안에 존재하는 한,

나는 계속 일을 하고 싶다.

살아 있는 동안에는 일을 하는 것이 당연하다.
그것이 하늘로부터 부여받은 사명이라고 생각한다.

인간은 살아 있는 동안 최선을 다해 열심히 살아야 한다.

인간의 가치는 돈이 아니라 살아생전 자신이
다다른 인격의 높낮이에 있다.

우주를 믿는다 함은 '죽으면 우주의 일부로 변한다'는
사실을 받아들이는 것을 말한다.

우리가 살아 있는 동안 죽을힘을 다해
열심히 살아야 하는 이유가 있다.
누구나 한 번뿐인 생이기 때문이다.

절대 비관하지 말기 바란다

나는 어떤 대단한 일을 이룬 것도 아니고 높은 지위에 올라 본 것도 아니다. 그렇기 때문에 공저자인 히로노(広野) 씨로부터 나에 관한 책을 만들고 싶다는 말을 들었을 때 솔직히 당황스러웠다. 과연 누가 내 얘기를 들어줄까 싶었다. 하지만 100세의 나이에도 여전히 일하는 어느 노인의 이야기를 듣고 용기를 얻는 사람이 한 명이라도 있다면 그것으로 족하다고 생각했다. 그래서 책을 내기로 마음을 고쳐먹었다.

이 책에 쓴 대로 대기업에 취직하지는 못했지만 그 덕분에 그 무엇과도 바꿀 수 없는 친구를 만날 수 있었다. 나는 전쟁 때문에 학자의 길을 포기했다. 하지만 그 덕분에 회사원이 될 수 있었고 지금도 일을 계속 하고 있다. 이렇듯 당시는 억울하고 속상한 일도 나중에 시간이 흐른 뒤에 보면 그래서 감사하고 다행한 일이 참 많다.

49세의 나이에 처음으로 샐러리맨이 되었을 때는 너무 늦은 게 아닐까 했지만 이후 50년 이상을 샐러리맨으로 살고 있는 것을 보면 너무 늦은 건 없는 것 같다. 100년을 살다 보니 좋고 나쁜 일, 늦고 빠른 일은 얼마든지 뒤바뀔 수 있다는 지혜를 얻게 되었다.

독자 여러분도 지금 고통스런 일이 있더라도 절대 비관하지 말기 바란다. 그때에도 최선을 다해 살기 바란다.

수많은 책들 중에서 이 책을 선택하여 읽어 주신 독자들께 진심으로 감사드린다. 이 책으로 인해 여러분의 인생이 조금이라도, 단한 가지라도 나아지는 것이 있다면 그보다 큰 기쁨은 없을 것이다.

이 책이 세상에 선보일 수 있었던 것은 친구인 모치즈키, 그 아내 세스코, 100세인 나를 동료로 대해 주는 도쿄복권상회의 동료들, 함께 생활하고 있는 큰아들 기쿠오 부부 덕분이다. 정말 감사하다는 말씀을 드리고 싶다. 32년 동안 매일 쓰지도역까지 배웅 해 준 큰며느리 노부코, 정말 고맙다. 또 이 책의 작업을 지원해 준 손녀 나오코, 정말 고맙다.

그리고 이미 세상을 떠나신 나의 부모님과 아내 레이, 이들이 없었다면 지금의 나는 물론이고 자녀들도 존재하지 않았을 것이다. 진심으로 감사의 말씀을 전하고 싶다.

한편, 역사적으로도 거의 무명에 가까운 시스몽디의 자료 수집에 흔쾌히 동의해 주고 지혜를 빌려 준 나고야 대학원 경제학연구과의 아다치 다카노리 준교수에게도 감사를 드린다. 덕분에 나는 100세의 나이에 이르러 지금까지 내 인생의 지표가 되어 준 시스몽디가 직접 구사한 언어를 접할 수 있었다.

마지막으로 100세의 나이인 내게 출판의 기회를 만들어 준 니혼게이자이(日本經濟) 신문의 고이타바시 다로, 그리고 이 책이 세상에 나오기까지 힘써 준 편집자 나카가와 히로미, 멋진 사진을 촬영해 주신 무라타 가즈토시, 오노 쇼이치, 그리고 나의 말을 정리하고 구성하여 멋진 해설을 써 준 공저자 닛케이비즈니스 기자 히로노 아야코에게 진심으로 감사의 말씀을 전한다.

여러분, 정말 감사합니다.

후쿠이 후쿠타로 福井福太郎

100세 시대, 달릴 준비되었습니까?

현재 우리나라에는 100세가 넘는 고령자가 1만 명이 넘는다. 일본의 경우는 5만 명이 넘는다. 그리고 이런 고령화 현상은 시간이 흐를수록 그 비율이 더 높아질 것이라고 예측하고 있다.

불과 수십 년 전만 해도 상상하기 힘들던 나이까지 장수를 누리게 되었다는 점에서는 매우 기뻐해야 할 일이다. 하지만 사회 전체를 놓고 보면 고령화 현상은 마냥 반가워할 일만은 아니다. 일할 수 있는 인구에 비해 일하지 않는 인구가 늘어나는 것이므로 청년층의 부담이 커지기 때문이다. 그만큼 복지 예산이 늘어나야 하는 것도 문제다.

　최근 고령 인구의 취업활동이 주목받고 있는 이유도 그 때문이다. 10여 년 전만 해도 나이 '마흔'만 돼도 또 다른 인생을 준비하는 중반기라 해서 심기일전하는 계기로 삼곤 했다. 당시에 '마흔'이 주목받은 이유는 인생 70세를 기준으로 삼았기 때문이다. 그 기준으로 보면 '마흔'은 인생의 전환을 맞이하는 나이라서 매우 중요한 의미를 가진다. 그래서 그즈음 중년들을 위한 다양한 도서들이 봇물처럼 쏟아지기도 했다.

　하지만 이제는 '일흔'이 주목받고 있다. 꿈만 같던 '인생 백 년'이 현실이 됐기 때문이다. 물론 여기에는 당연히 의료기술 등의 발달이 깊이 관여되어 있지만 어찌되었건 이제 우리는 '백 세 시대'를 맞이하고 있고 매우 심각한 고령화 사회를 목전에 두고 있다. 따라서 이제는 '마흔'도 아닌 '일흔'에 주목할 때다.
　'마흔'이 인생의 첫 번째 전환기라면 '일흔'은 인생의 두 번째 전환기라 할 수 있다. 일흔 즈음에 어떤 사회적 지위를 갖고 있느냐에 따라 인생의 질이 상당히 달라지기 때문이다. '백 세 시대'의 일흔은 정말이지 또 다른 위기이거나 기회가 될 것이다.

자식이 부모를 부양하는 시대는 지나갔다. 이제 노인이라고 해서 경제활동을 하지 않아도 되는 시대가 아니다. 과거에는 환갑만 지나면 경로당에서 한가하게 시간을 보낼 수 있었다. 이제는 '일흔'에도 한가한 시간이 허락되지 않는다. 그만큼 우리는 젊어졌고 건강해졌다.

'백 세 시대'는 이미 시작되었건만 그때까지 달릴 준비를 하는 사람은 찾아보기 힘들다. 대부분 정년 즈음까지 전력 질주하나 그다음은 '어떻게든 되겠지' 하는 마음으로 방관하는 모습이다.

그런데 문제는 현역에서 은퇴하는 시기는 오히려 빨라졌다는 사실이다. 일찌감치 현역에서 물러난 그들이 선택하는 것은 대부분 자영업이다. 자영업자의 증가는 서비스업의 증가를 의미하기 때문에 생산 활동과는 거리가 멀다. 물론 자금이 조달되지 않으면 그마저도 불가능하다. 현역에서 물러난 그들이 생산 활동을 하지 않는다면 대부분 소비 쪽을 담당할 뿐이어서 경제의 역동성 측면에서 그다지 바람직하지 않은 일이다.

장수와 이른 퇴직이 오늘날 또 다른 화두가 되는 까닭이다.

이 책의 저자인 후쿠이 후쿠타로 씨는 70세에 복권회사 말단으로 재취업에 도전하여 100세인 지금도 현역으로 활동하고 있는 인물이다. 일본의 경우 2040년 이후 100세 이상 인구가 70만 명에 이를 것이라고 한다. 즉 후쿠타로 씨처럼 100세의 나이에 현역으로 일한다는 것이 하등 진기하게 여겨지지 않는 시대가 조만간 열린다는 뜻이다. 인생 100세 시대에는 일할 수 있는 사람과 그렇지 못한 사람 간의 삶의 질이 확연히 차이날 것이다.

은퇴 후 10년이 아닌 40년 넘게 더 살아야 한다면 이제 '일흔'은 인생 제 2의 전환기를 준비하는 시기다.

지금까지는 자녀양육이라는 무거운 짐에 눌려 하고 싶지 않아도 일해야 했을 것이다. 여태까지는 내 인생이 아니라 가족의 인생을 살았다고 해도 크게 잘못된 표현은 아닐 것이다.

100세 인생에서 인생 후반전은 의무의 인생에서 권리의 인생으로 바뀌는 시기다. 제2의 인생에서는 철저하게 본인을 위한 인생

을 살아야 한다. 그리고 그 결정 과정에는 사회적 공헌을 함께 생
각해야 한다. 단순한 경제활동이 아니라 그동안 즐거운 인생을 보
낼 수 있도록 도와준 사회와 이웃에게 고마움을 돌려주는 일을 고
려해야 한다.

고령화 시대를 준비하면서 가장 먼저 고려해야 할 일은 고령 인
구의 자존감 유지와 행복 찾기다. 나이가 든다는 것은 그만큼 충분
한 경험이 축적된다는 뜻이다. 어떤 지식도 경험을 능가하지는 못
한다. 그런 경험을 바탕으로 사회에 공헌할 수 있다면 고령 인구
는 오히려 숙련된 기술자가 될 수 있다. 어쩌면 미래 사회를 '살아
있는 사회'로 만드는 열쇠는 이 고령 인구일지도 모른다. 그러므로
나이 들었다고 사회 바깥으로 쫓아내선 안 된다. 그러는 순간 이
사회는 '죽은 사회'가 될 것이다.

늙음이 추한 것이 아니라 늙음에 안주할 때 추해진다. 청년이건
노인이건 안주하는 순간 추해진다. 살아 있는 한, 행복해야 할 권
리가 있고 역동하며 살아야 할 의무가 있다. 그러려면 나만이 할
수 있는 '일'이 있어야 한다.

‘일’이 지금까지는 의무였다면 제2의 인생에서는 선택이다. 수동이 아니라 능동의 삶이 가능해진 것이다. 인생 100세 시대, 능동적으로 일을 선택해서 진정한 행복을 살아 내는 노인이 많아지기를 진심으로 바란다.

2014년 봄 이정환

100살이다
왜!

초판 1쇄 인쇄 2014년 5월 10일
초판 1쇄 발행 2014년 5월 15일

지은이 | 후쿠이 후쿠타로, 히로노 아야코
옮긴이 | 이정환

펴낸이 | 김명숙
펴낸곳 | 나무발전소

등록 | 2009년 5월 8일(제313-2009-98호)
주소 | 서울시 마포구 합정동 358-3 서정빌딩 7층
이메일 | tpowerstation@hanmail.net
전화 | 02)333-1962
팩스 | 02)333-1961

ISBN 979-11-951640-2-8 13320

※책값은 뒤표지에 있습니다.